JN074687

ここだけ見ておけば大丈夫！

瞬殺！

第2版

法人税申告書
の見方

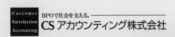
BPOで社会を支える。
CSアカウンティング株式会社

公認会計士・税理士 中尾 篤史 著

税務研究会出版局

改 訂 に あ た っ て

　「瞬殺！法人税申告書の見方」改訂版をお手に取っていただき、ありがとうございます。
　本書は、
　法人税申告書を作成したことがない方
　法人税申告書を作成することはないが、業務上見ることが必要な方
　経理に配属となって決算書は読めるが、法人税申告書の見方があまりわからない方　等
　まだ、法人税申告書に慣れていない方向けに実際の申告書を見ながら学べるように解説
を行っています。
　法人税申告書は、税金計算に必要な事項が盛り込まれている書面ですが、実はその中に
は会社の実態を知ることができる重要な要素が散りばめられています。
　何気なく申告書を見ていると気づかないそれらの要素についても本書では解説していま
す。
　法人税申告書を読み取る力をあげていただくとともに、いろんな申告書を楽しんで見る
きっかけになれば幸いです。

　初版の出版から4年が経過しましたが、この間に、
　資本金の額等が100億円超の法人に対する交際費損金不算入制度の見直し
　連結納税制度が廃止されグループ通算制度に移行した際に、受取配当金の益金不算入の
一部見直し　等
といった法人税の改正も行われています。
　改訂版では、最新の税制改正や申告書の様式にも対応し、より実務に直結した内容を提
供しております。

　人工知能（AI）の急速な発展によって、AIが法人税申告書を読み取る時代が来るかもし
れません。それでも、AIとの役割のすみわけや、AIの限界もあり、人間の知識や経験が求
められることはあるでしょう。そのような時代においても、自分自身で法人税申告書を読
み取る能力を見つけ、新たな役割を求められる時代において、本書が有益な役割を果たし
ていける一助となれば、それに勝る喜びはありません。

令和5年9月　　　　　　　　　　　　　　　　　　　　　　　　　　　中尾　篤史

はしがき（初版）

　この本に興味をもっていただいた方が、次のような方であればうれしく思います。

　「経理部門に管理職として異動になってしまい、今まで法人税の申告書を見たことがないのに、チェックする立場としての役割が生じてしまった」

　「買収などを検討する立場であるが、検討資料のひとつである法人税申告書について、正直どのあたりに着目すれば良いのかよくわかっていない」

　「会計事務所で働くことになり、申告書を作る立場になったので、申告書の見方を速習したい」

　「金融機関で融資先の与信等を判断する際に、決算書分析はかなり慣れてきたが、申告書についてはあまり検討してこなかったので見るべきポイントを理解したい」

　などなど法人税の申告書を作成することがメイン業務でなくても、目に触れる立場にいらっしゃる方は多いと思います。

　決算書の見方については、様々な書籍等があり、理解が深い方も多くいると思います。ただ、実際には決算書の分析でわからないことが法人税の申告書を見ればわかるといったことも多くあり、実は分析資料として法人税申告書は有益なのです。

　とは言うものの、法人税の申告書は決算書と違って種類が多くあり、なおかつ法人税の知識を前提としているものなので、見慣れていない方にとっては非常に難解であるのも事実です。

　そこで、本書では、あまり法人税の知識がない方でも、法人税申告書のどこに着目したらいいのか、必ず見なければならないチェック項目はどこなのかといったことを、わかりやすく理解できるように心がけました。法人税申告書の見方について何らかの課題をお持ちの方の解決のツールとして本書が役に立てられればと思います。

本書の中には、読者の方をイメージして2名のキャラクターが登場します。

「他社の申告書を分析する立場にある方」 「自社の申告書をチェックする立場になった方」

　それぞれ申告書を見る際の視点が微妙に異なってきますので、それぞれの立場で何に注目したら良いのかという観点でコメントを記載しています。たまに2名のキャラクターがつぶやいている時もありますので、登場人物のつぶやきを一緒に共感してもらえればと思います。

　また、各別表を解説した最後に「別表パッと見　瞬殺ワーク」と称して、理解度を高めてもらうための復習問題を用意しました。

　このワークを行って瞬殺で理解できていれば、十分に理解は深まっている証拠です。ワークを行った後は是非とも実務に活かしてください。

　さらに、巻末に法人税申告書を見る時のチェックリストを掲載しました。実際の申告書を見る際に気を付けるべきポイントをまとめていますので、チェックの際のツールとしてご活用ください。

　本書を通じて法人税申告書の見方の理解が深まり、今まで業務でうまく申告書を活用できていなかった方が前向きに活用できるようになっていただければ望外の喜びです。

令和元年10月

中尾　篤史

目　　次

本書の利用方法

　本書は、法人税申告書を見る立場の人が、簡単に見るポイントを理解できることを目的にしています。

　想定される読者の方を次のように考えています。

　・税務に詳しくないが経理部門で上司として申告書を見る立場になった方
　・企業の買収や評価をされる方で、申告書も検討する資料の対象となっている方
　・金融機関にお勤めで融資先の審査に申告書を使っている方
　・会計事務所に入所して間もない方で、まずは全体像をつかみたい方

　簡単に理解していただくために、次のようなコンセプトで執筆しています。

　・実際の申告書の実例を示すことで記載のイメージがわくようにしている
　・想定読者の方が留意すべきポイントを、立場別に記載していることで実務に直結する
　・気付いてほしいポイントを、想定している読者のつぶやきで表現することで、共感しながら読んでいただく
　・申告書ごとにワークを入れることで、読みながら復習ができる

　「簡単」に、「共感」しながら、「実務に直結」できるように心がけています。

Part 1

法人税申告書と決算書との関係

POINT

- ✓ 法人税法上の儲けは所得金額で、会社の利益と法人税法の所得金額との架け橋に益金算入、益金不算入、損金算入、損金不算入がある

- ✓ 申告書でプラス（加算）、マイナス（減算）をして法人税法上の儲けを出すことが申告調整

法人税申告書の見方をマスターするためには、決算書と法人税申告書の関係を理解することが必要となります。両者の関係を理解するためには、会計上の儲け（決算書に表現されます。）と法人税法上の儲け（法人税申告書に表現されます。）の関係を理解する必要があります。そして、それが早道でもあります。

　あまり耳慣れない税法用語が登場しますが、少し我慢して用語に慣れてください。

◆ 所得金額が法人税法上の儲け

　法人税は会社の儲けに対して税金をかけますが、法人税法上この儲けのことを所得金額といいます。そして、おおむね法人税額は以下のように所得金額に税率を乗じて計算します。

> 法人税額　＝　所得金額　×　法人税率

　そこで、所得金額というものを算出することが必要となります。

　所得金額とは益金の額から損金の額を差し引いて計算します。

> 所得金額　＝　益　　金　－　損　　金

　会計で利益を出すときは、次の算式で計算しますよね。

> 利　　益　＝　収　　益　－　費　　用

　益金と収益、損金と費用の大部分は一致します。しかし、益金と収益、損金と費用は必ずしも一致しません。そこで、法人税法では、原則的には一般の会計基準に従いますが、一部会計と税務が不一致の部分だけを別段の規定として細かく規定しています。

　税金計算の基礎となる所得金額を計算するにあたっては、まず会計上の利益をベースにして、会計と税務が不一致な部分だけを調整することになります。

　すなわち、所得金額を算出するにあたっては次のように考えます。

> 所得金額　＝　収　　益　－　費　　用　±　別段の規定での調整

◆ 益金と収益、損金と費用の違いを理解する

　別段の規定で会計上の利益から法人税法上の所得金額に調整する架け橋として益金算入、益金不算入、損金算入、損金不算入という考え方があります。

　4つの耳慣れない用語の意味を見ていきましょう。

(1)　益金算入

　益金算入とは、会計上では収益とはなりませんが、法人税法上では益金となるものです。

　たとえば、貸倒引当金は税法上、必ず翌期に取崩し処理をしなければなりません。そこで、もしも取崩し処理をしていない場合は益金に算入しなければなりません。

(2)　益金不算入

　益金不算入とは、会計上では収益ですが、法人税法上では益金とならないものです。

　たとえば、他の会社からの受取配当金や、法人税の還付金などです。これらは、いったん計算された会社の利益から差し引かれます。

(3)　損金算入

　損金算入とは、会計上では費用とはなりませんが、法人税法上では損金となるものです。

　具体的には繰越欠損金の控除があります。これは、本来会計上は費用とはならないものですが、法人税法上は損金と認めているものです。

(4)　損金不算入

　損金不算入とは、会計上では費用ですが、法人税法上では損金とならないものです。

　減価償却費は、法人税法上は一定の限度額までしか損金として計上することはできません。そのため、会社がこの限度額を超えて費用処理している場合は、限度額の超過分だけは損金と認められません。

　実務上は経理処理をする際に、この損金不算入となりうる項目が数多くあり、損金不算入が適用されるかについてよく検討する必要があります。

▶ 所得金額の計算

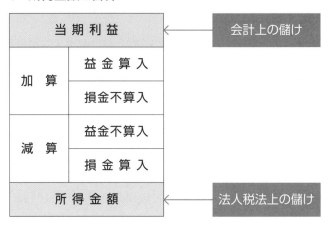

当 期 利 益	←	会計上の儲け
加 算	益 金 算 入	
	損金不算入	
減 算	益金不算入	
	損 金 算 入	
所 得 金 額	←	法人税法上の儲け

◆ 申告調整することで税務上の儲けが確定する

上記の結果、改めて所得金額の計算過程は次のようになります。

このように、会計上の利益を基に所得金額を算出するためにプラス、マイナスすることを**申告調整**といい、このプラスを**加算**、マイナスを**減算**といいます。

申告調整については、実際は、法人税の申告書の上で行います。申告調整内容が一目でわかるものが、後ほど説明する別表4という法人税申告書の別表です。

加算、減算という言葉がでたら会計上の処理と法人税法上の処理の違いを調整しているのだと理解をしてください。

☑ ここだけはチェック！

スタートは会計の利益で、それに加算・減算の調整が入って法人税法上の儲けの計算がされるということね。

▶ 申告調整の全体イメージ

当期利益（決算書）		
減算 益金不算入 損金算入	会計の利益と 法人税法の所得金額 との共通部分	**加算** 益金算入 損金不算入
	所得金額（法人税申告書）	

加算
益 金 算 入……会計上の収益ではないが、法人税法上では益金となるもの
損金不算入……会計上の費用だが、法人税法上では損金とならないもの

減算
益金不算入……会計上は収益だが、法人税法上では益金とならないもの
損 金 算 入……会計上の費用ではないが、法人税法上では損金となるもの

Part 2 法人税申告書からしか読み取れない貴重な情報

POINT

- ✓ 法人税申告書には決算書に掲載されていない情報がある
- ✓ 決算書分析に法人税申告書特有の情報を加えることで分析内容が強固になる

◆ 決算書だけではなく、申告書も活用する

　読者の方の中には、決算書の見方は充分にできる方もいらっしゃると思います。

　決算書に基づく財務分析は一定の方法が確立されており、決算書からは多くのことを読み取ることが可能です。

　損益計算書を見れば、売上の規模、原価率・利益率などの収益性、当期利益の金額など様々なフローの情報を入手することができます。

　貸借対照表からは、資産総額、負債総額、純資産金額など会社の保有する財産の規模や資金調達の状況などストックの情報を知ることができます。さらに、資産や負債の詳細な内容を、勘定科目を通じて確認することができます。

　キャッシュフロー計算書を見れば、営業活動、投資活動、財務活動それぞれのキャッシュの流入、流出状況を知ることができます。

　さらに、損益計算書や貸借対照表の数値を使って、経営分析をすることもできます。例えば、ROE（自己資本利益率）は、自己資本を効果的に使って利益を出しているかを示す指標ですが、当期純利益を自己資本で割って算出します。基となる数値は、当期純利益は損益計算書から、自己資本は貸借対照表から数値をもってきます。このように損益計算書、貸借対照表、キャッシュフロー計算書の様々な数値を使って経営分析を行うことができます。

　決算書からは多くの情報を得ることが可能なので、多くの会社で決算書の分析は行っていると思いますが、法人税申告書を情報として活用していない会社が多いという実感があります。

　理由の一つに、決算書分析で十分だからということのほかに、申告書の分析の方法が確立されていないということもあると思います。ただ、実は決算書では知ることはできないけれど法人税申告書からは読み取ることができる情報というのもあるので、それを活用しないことは非常にもったいないことでもあります。

　決算書の見方がわかるとともに申告書の見方を理解できれば、より多くの情報を得ることができ、結果として分析力が上がることになるのです。

　後ほど各別表のパートで申告書から読み取れる貴重な情報の数々をお伝えしていきますが、ここでは少しその一端に触れてみたいと思います。

◆ 法人税法上の儲けがわかる

Part 1で説明したように、会計上の儲けである利益と法人税法上の儲けである所得は一致しません。

決算書では会計上の利益しか記載がされないので、法人税法上の儲けを知るには、法人税申告書を見るしかないのです。

決算書上は多額の利益を出しているけど、法人税法上の所得はマイナスの会社や逆に決算書上は利益が出ていないけれど、法人税法上は所得が発生している会社というのも世の中には存在します。

このような逆転現象や、会計と税務の儲けの額が大幅に違う場合の要因は、法人税申告書の見方を知っていれば分析が可能となります。**別表4（Lesson 3）** でこのあたりの説明をします。

◆ 減価償却や引当金で利益操作をしていないかがわかる

減価償却費や引当金の金額は、決算書を見ることで確認できます。ただ、税法上の限度額と比べると減価償却費や引当ての金額が多いのかどうかは決算書からは読み取れず、法人税申告書からしか読み取れません。限度額と比べて少ない金額しか決算書に計上していない場合は、利益を多く見せるために粉飾決算が行われている可能性もあります。このような可能性を推察するためにも、法人税申告書は重要な情報提供をしてくれる資料なのです。

◆ グループ内の資産の売却で利益を捻出していないかがわかる

単体の決算書を良く見せるために、グループ内で資産を譲渡して利益を捻出するという手法がとられることがあります。このような手法がとられたとしても、決算書だけしか見ていなければ、いくらグループ内取引で資産売却益が計上されたのかはわかりません。

ただ、法人税法上、グループ内の資産の売却に関して一定の取引については、法人税申告書の別表を作って申告調整をする必要があります。この別表を見ることで、グループ内取引でいくらの利益や損失を出しているのかを知ることができるのです。詳細は**別表14(6)（Lesson10）** で説明します。

法人税申告書を活用して決算書を見ることでグループ内取引の実情に迫ることが可能となるのです。

◆ 将来使える赤字の金額と期間がわかる

　決算書からは読み取れない情報として、税務上繰り越されている赤字（繰越欠損金といいます。）の金額やその赤字を将来何年にわたって未来の儲けと相殺できるのかという情報があります。詳しくは**別表7⑴**（Lesson 6）で解説します。

　税金計算上、赤字を相殺できるということはその分だけ納税額を抑えることができることになりますので、キャッシュフローに大きな影響をもたらします。

　決算書からは入手できない貴重な情報なので、確実に申告書から読み取る必要があります。

　このように法人税申告書特有の情報が、各別表にどのように表現されているのかを知ることができれば、決算書分析との合わせ技で鬼に金棒といえます。

　それでは、次のパートから法人税申告書の各別表の見方を学んでいきましょう！

▶ 法人税申告書から読み取れること

☐ 会計上で儲かっていても、税務上は儲かっていないかどうかがわかる

☐ 減価償却や引当金で利益操作していないかどうかがわかる

☐ グループ内での資産の売却で利益調整を図っているかどうかがわかる

☐ 将来使える赤字の金額がわかる。いつまで赤字を使えるのかがわかる

決算書からは読み取れないことが、法人税申告書から読み取れます

✓ ここだけはチェック！

　決算書を見て分析を終わらせてはダメで、法人税申告書特有の情報も確認が必要だな。

Part 3 この別表を見たらわかること

Lesson 1 別表1
―会社の概要―

（税務申告書 別表一の様式。納税地「東京都新宿区西新宿新宿センタービル」、法人名「ＣＳセミナー株式会社」、事業種目「教育事業」、令和X2年5月31日 新宿税務署長殿、税理士 税研税理士法人 代表社員 税務 賢太 など）

主な記入値（抜粋）：

項目	欄	金額
所得金額又は欠損金額（別表四「52の①」）	1	137,811,041
法人税額（48）＋（49）＋（50）	2	31,972,152
法人税額計（2）－（3）＋（4）＋（6）＋（8）	9	31,972,152
控除税額	12	15,315
差引所得に対する法人税額（9）－（10）－（11）－（12）	13	31,956,800
中間申告分の法人税額	14	7,149,000
差引確定法人税額（13）－（14）	15	24,807,800
所得の金額に対する法人税額	28	31,972,152
課税標準法人税額（28）＋（29）	30	31,972,000
地方法人税額（53）	31	3,293,116
所得地方法人税額（31）＋（32）＋（33）	34	3,293,116
差引地方法人税額（34）－（35）－（36）－（37）	38	3,293,116
差引確定地方法人税額（38）－（39）	40	3,293,100
所得税の額（別表六（一）「6の③」）	16	15,315
計（16）＋（17）	18	15,315
控除した金額（12）	19	15,315
この申告が修正申告である場合のこの申告により納付すべき法人税額又は減少する還付請求税額（57）	25	0 0
欠損金等の当期控除額	26	137,811,040
翌期へ繰り越す欠損金額（別表七（一）「5の合計」）	27	86,218,896 0
剰余金・利益の配当（剰余金の分配）の金額	44	40,000,000

POINT

✓ 年間の法人税額がわかる！

✓ 会社の基本情報をわしづかみしよう！

ここだけ理解　別表1

◆ 法人税額と儲けの判断は法人税別表のトップページでチェック

別表1は、納めるべき法人税額を計算するために作成されるものです。その金額を算出するために、主として次のような調整を行います。

この別表を見れば、いくらの法人税を納めるかがわかります。

また、税金を計算する際の基となる所得金額が記載されていますので、会社が法人税法上儲かったのかどうかがわかるのです。

◆ 税務特有の基本情報も満載

実はこの別表は、法人税額の計算以外にも多くの情報が詰まっています。

というのも、別表1は申告書のトップページですので、会社の基本情報や法人税に関する情報がサマリーとしてまとまっています。

サマリーとしてどのような情報があるのかを知っていれば、別表1の活用の方法もグンと広がってきます。

具体的にどのような情報があるのかを見てみましょう。

まず、「会社の基本情報」として法人税申告書に記載されている基礎情報は、具体的には次のような事項です。

・**納税地**
・**会社名**
・**代表者名**
・**代表者の自宅の住所**
・**事業種目**
・**期末資本金**
・**同族会社か否か**

　法人税では同族会社の判定をする必要があります。詳しくは**別表2（Lesson 2）**で説

　明します。

・**旧納税地及び旧法人名等**

　　本社を異動した場合や社名を変更した場合に、情報が記載されます。

・**青色申告か否か**

　　会社の基本事項として記載されている内容は、登記簿謄本を入手すれば同様に確認できる内容もありますが、同族会社かどうかや、青色申告かどうか等、申告書からしか入手できない情報も記載されています。

　次に、「法人税に関する情報」のサマリーとしては、次のようなものがあります。

・**会計年度と申告書の種類**

　　申告書の対象となった事業年度の期間が記載されます。また、申告書の種類（確定申告、中間申告、修正申告）の区分がわかります。

・**法人税額の計算結果**

　　法人税は所得金額をもとに計算しますが、所得金額に税率を乗じて計算される法人税額の計算結果が記載されます。そして、中間申告分を加味した結果としての納付すべき税額あるいは、還付金額が記載されます。

▶ **別表1には様々な情報が満載！**

会社の基本情報	法人税に関する情報
会社名 同族会社か否か …etc	法人税額 納付額 …etc

別表1を見る時のチェックポイントはここ！

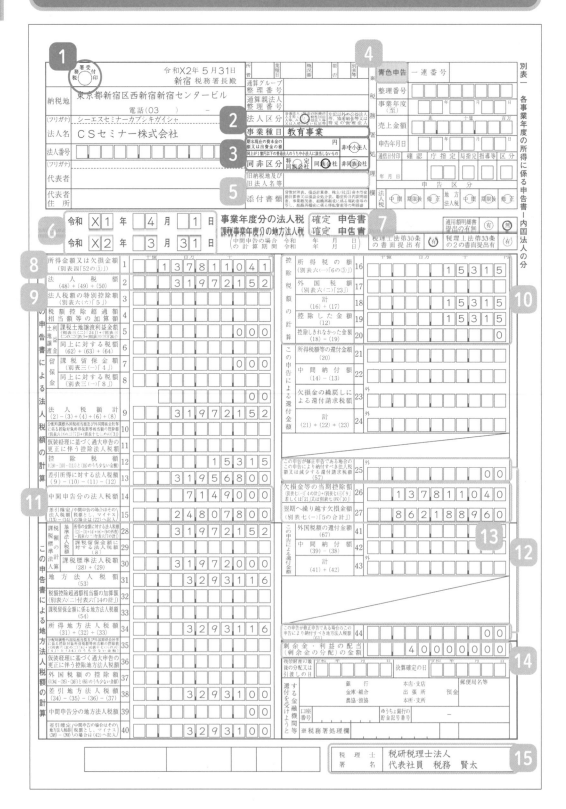

1 税務署収受印

　税務署に持ち込んで提出をした場合に、受付印が押されます。電子申告によって受け付けられた場合は、電子申告が受付済みであることの印として、受付日付、受付番号が法人税申告書の上部に印字されます。

　最近は、電子申告で申告を済ませるケースが多いので、電子申告の受付を前提とした申告書控の方が多いと思います。

　さらに、2020年4月1日以後に開始する事業年度から、事業年度開始の時において資本金の額又は出資金の額が1億円を超える法人などは、電子申告が義務化されましたので、今後はほとんどの法人税申告は電子申告になっていきます。

他社の申告書を見る時の視点
　受付印のない申告書であった場合、本当に提出したのかどうかを疑う必要があります。

　ドラフト段階のものである場合は、受付印が押されていないので、必ず受付印がある申告書を入手しましょう。

2 事業の種類

　会社の事業内容が記載されています。

　ここでの記載は、日本標準産業分類の小分類の業種目等を基準に記載することになっています。

別表1

③ 会社の規模や種類

期末現在の資本金の規模や同族会社かどうかがわかります。

法人税法では、資本金の規模によって適用できる税率や特例の扱いが異なってきますので、資本金がいくらであるのかというのは重要な情報です。

次に、期末現在の資本金の額の右側に「非中小法人」(期末現在の資本金の額または出資金の額が1億円以下の普通法人のうち中小法人等に該当しないもの) という欄がありますが、これは、グループ法人税制が創設されたことに伴って、区分が必要になった項目です。

資本金5億円以上の会社(大法人)の100%子会社かどうか(完全支配関係があるかどうか)がわかります。資本金5億円以上の会社の100%子会社の場合は、期末現在の資本金の額または出資金の額が1億円以下の場合でも、非中小法人の欄に〇印が付されています。グループ法人税制については、**別表14(6)**(**Lesson10**) で改めて触れます。

期末資本金の額の欄の下には、「同非区分」という欄があり、同族会社に該当するのかどうかが記載されるようになっています。

同族会社の定義については、**別表2**(**Lesson2**) で説明をします。

🔍 自社のチェッカーとしての視点

会社の種類を間違えると税額の算定に影響が出てしまいます。

非中小法人等に該当する可能性はないか、同族会社・非同族会社の区分のどれに該当するのかについての選択は、間違えないように確認しましょう。

用語 ざっくり 解説

■ 非中小法人

　期末資本金または出資金の額が1億円以下の会社は中小企業向けの特別措置の適用が可能です。ただし、資本金の額もしくは出資金の額が5億円以上の会社の100%子会社については、中小企業向けの特例の適用から外れることになっています。

　そのため、簡単に言うと会社の資本金または出資金の額は1億円以下にもかかわらず、資本金もしくは出資金の額が5億円以上の大法人の100%子会社については、非中小法人の欄に〇印を付けることになります。その結果、資本金の小さな会社でも中小企業向けの特例が使えないことになります。

■ 完全支配関係

　「完全支配関係」という用語がありますが、これは、同一の個人や法人（法人税法では、「一の者」といいます。）が、法人の発行済株式等の全部を直接または間接に保有する関係や、同一の個人や法人との間に当事者間の完全支配の関係がある法人相互の関係をいいます。

　完全支配関係を図にすると以下のようなケースが該当します。

　ざっくり言うと、100%の資本関係と理解すれば十分です。

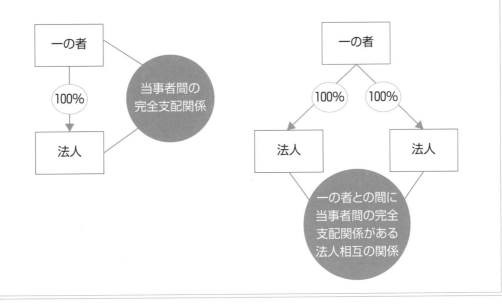

別表1を見る時のチェックポイントはここ！

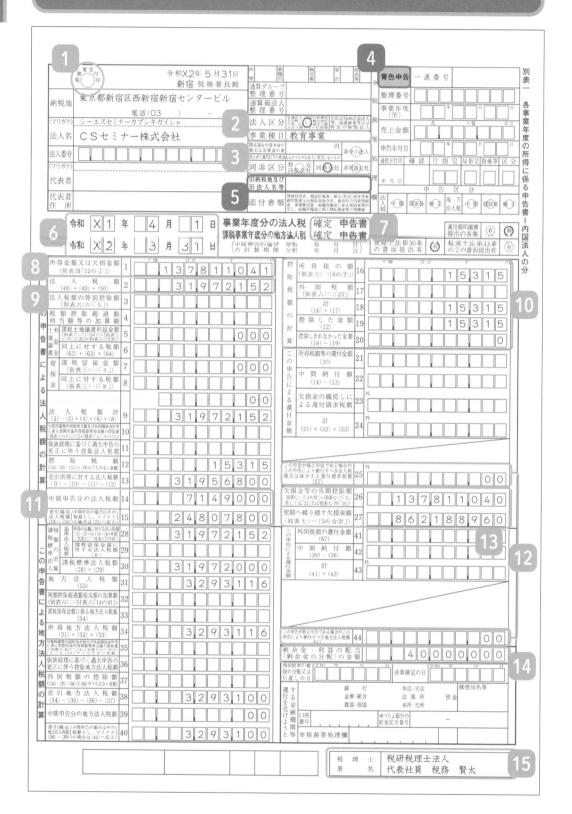

4 青色申告、白色申告

会社が青色申告の法人なのか、白色申告の法人なのかが明記されます。

青色申告法人になるには、次の2点の条件をクリアする必要があります。

・法定の帳簿書類を備え付けて取引を記録して、保存すること

・納税地の所轄税務署長に青色申告の承認申請書を提出して、承認を受けること

他社の申告書を見る時の視点

通常は青色申告法人になっていると思いますが、万が一、白色申告となっている場合は、注意が必要です。

まれにあるのは、会社を設立したけど、提出期限までに青色申告の承認申請書を出し忘れて白色申告になってしまっているというケースです。

恒常的に白色申告となっている場合は、帳簿の作成がおぼつかないケースが想定されますので要注意です。

5 旧本社や旧社名

「旧納税地及び旧法人名等」の欄には、納税地や法人名に異動があった場合に、記載がされます。

合併があった場合なども、この欄に記載がされます。

別表1を見る時のチェックポイントはここ！

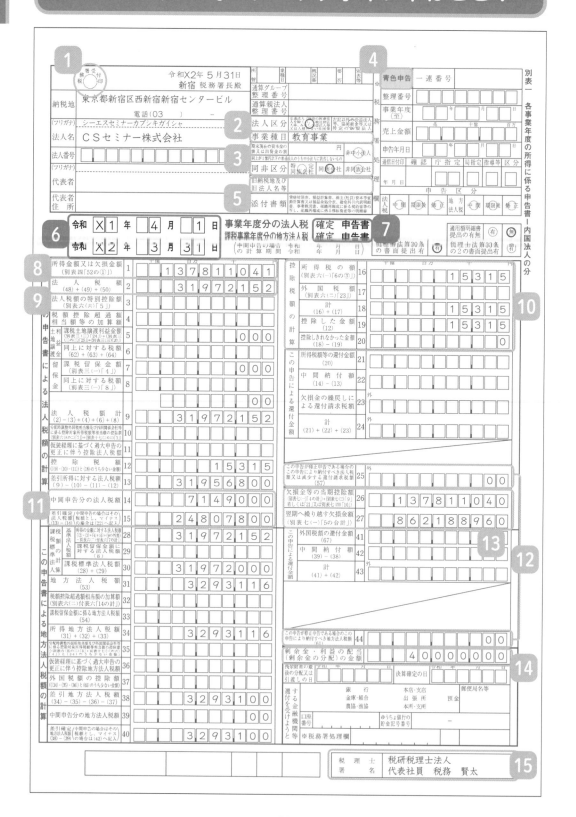

别
表
1

6 事 業 年 度

いつの対象期間の決算なのかがわかります。

通常の会社の事業年度は1年ですが、決算期を変更している場合などは、事業年度が1年になっていません。

🔍 **他社の申告書を見る時の視点**

決算期が変更になっている場合は、なぜなのか理由を確認してみましょう。事業年度の後半に利益が出すぎる見込みとなった場合に、利益を先送りするために決算期末を早めに設定しているケースなどが考えられます。

あるいは、親会社と決算期を合わせるために決算期を変更する場合もあります。

いずれにしても、合理的な理由なのかどうかを見極めましょう。

7 申告書の種類

申告書の種類には、「**確定申告書**」、「**中間申告書**」、「**修正申告書**」がありますが、いずれの申告書なのかがわかります。

また、期限後に申告書を提出した場合には、「期限後申告」と記載します。

🔍 **他社の申告書を見る時の視点**

「修正申告書」の場合は、税務調査が行われて指摘事項があり、会社が誤った税務処理をしているときに、自主的に申告をしているケースが多いです。

ですから、修正申告書の場合は、当初の確定申告書と比較して、どのような修正をしたのか知っておく必要があります。

別表1を見る時のチェックポイントはここ！

別表 1

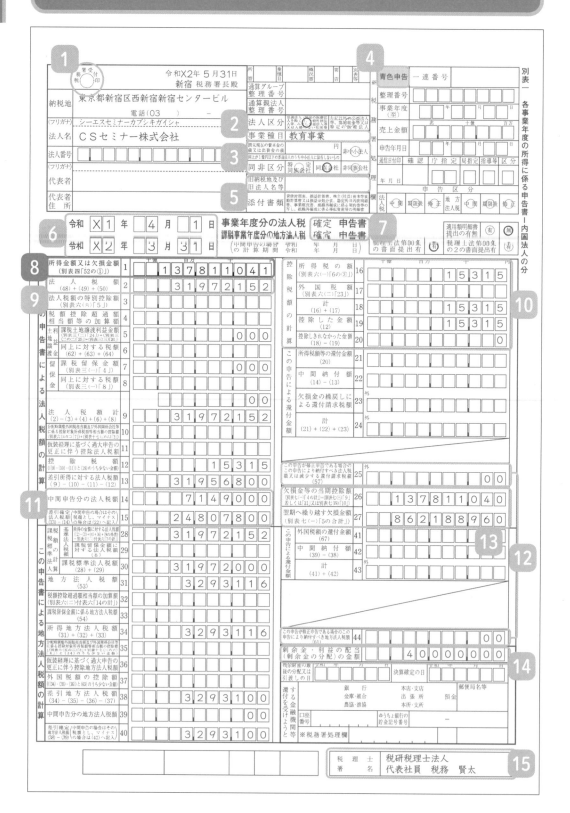

—22—

8　所得金額又は欠損金額　　　　　　　　　　→ ワーク2

　法人税法上の儲け（所得金額）あるいは損失（欠損金額）を表示します。

　数字自体は、別表4から転記がされます。

　ここに転記された金額を見て、対象の事業年度に法人税法上儲かったのかどうかを瞬間的に判断できます。ただ、儲かった場合は瞬間的に判断できますが、過去に赤字があった場合などは、過去の赤字の利用状況も把握したうえで判断する必要がありますので、多少テクニックがいります。その点については、下記の「＋スタディ　所得金額又は欠損金額の欄に記載される金額の意味は？」をご覧ください。

他社の申告書を見る時の視点

　法人税法上、儲かったのか損したのかを確認しましょう。

　会計上は利益が出ているのに法人税法上は損になっている場合は、原因を確認しておくことが重要です。

　この点は、**別表4**（**Lesson 3**）で解説します。

＋スタディ（プラス）　所得金額又は欠損金額の欄に記載される金額の意味は？

「所得金額又は欠損金額」欄がプラス	法人税法上、単年度で儲かっていることを意味しています。
「所得金額又は欠損金額」欄がゼロ	今期の法人税法上の儲けは出ていますが、過去に発生した法人税法上のマイナス（繰越欠損金）を控除した結果、ゼロとなっています。
「所得金額又は欠損金額」欄がマイナス	今期の法人税法上の儲けが出ていないことを意味しています。

　所得金額がプラスの場合は、儲かっていた、マイナスの場合は、儲かっていなかったと瞬間的に判断できるけど、ゼロの場合は、過去のマイナスを考慮する必要があるということね。

別表1を見る時のチェックポイントはここ！

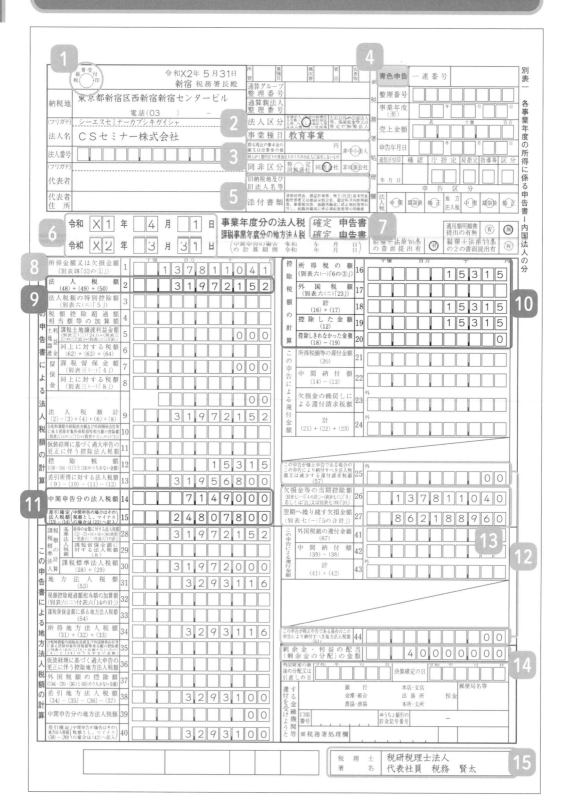

9 法人税額

　所得金額に税率を乗じた金額が記載されます。

　金額自体は、別表1次葉から転記がされます。

　ここに記載された金額から、各種の税額控除や中間申告分の法人税額が控除されます。逆に、同族会社特有の留保金課税は加算されます。留保金課税については**別表2（Lesson 2）**で触れます。

10 所得税額控除、外国税額控除

　支払を受ける利子および配当等について源泉徴収された所得税や控除する外国税額が記載されます。

11 中間納税、差引納税　　　　　　　　　　　　➡ ワーク3

　「中間申告分の法人税額」の欄には、中間申告により納付すべき法人税額を記載します。実際に納税をしておらず、未納の場合にも金額を記載します。

　「差引確定法人税額」の欄に、上記の中間申告分を控除した後の法人税額を記載します。

自社のチェッカーとしての視点

　ここで記載した金額が納税する際の納付書の金額と一致していることを確認しましょう。

　せっかく申告書を正しく作成したとしても、納税の段階で納付書への記載を間違えてしまっては、仕事が台無しになります。仮に、本来よりも納付額を少なく納めてしまった場合は、不足分を後日追加で納税するのはもちろんのこと、不足分にかかるペナルティとしての附帯税を別途納める必要が生じてしまいますので、注意しましょう。

別表1を見る時のチェックポイントはここ！

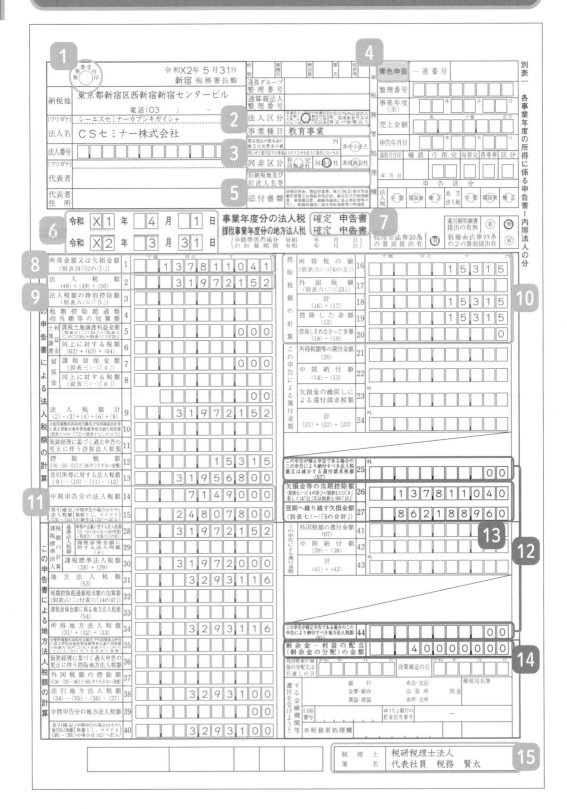

12 修正申告関連情報

　修正申告に該当しない場合は、記載不要です。修正申告の場合は、修正申告に伴って納付する税額などが記載されます。

　少なくともここに金額が記載されている申告書の場合は、修正申告書となりますので、必ず修正申告になった原因をチェックしましょう。

13 欠損金の利用状況　　　　　　　　　　　　　　→ ワーク1

　当期に控除した欠損金や翌期に繰り越す欠損金が記載されます。

　別表7(1)（Lesson 6）で詳しく解説をしますが、法人税法上の過去の赤字のことを欠損金といいます。欠損金の使用状況がこの欄に記載されます。

　下段の翌期に繰り越す欠損金の欄には、まだ使用されていない法人税法上の赤字があれば記載されることになります。

他社の申告書を見る時の視点

　欠損金を控除したということは、その分所得が発生していることを意味しているので、収益性を見る際の判断ポイントのひとつになります。

　また、収益性の高い会社が、翌期に繰り越す欠損金を持っているという場合は、翌期以降儲かったとしても欠損金を利用することで税金が抑えられる可能性があることを意味しますので、その分キャッシュフローが多く生み出される可能性があると考えて良いでしょう。

14 剰余金・利益配当

　事業年度内に支払効力が生じた利益配当の金額が記載されます。

　株主資本等変動計算書があれば、そちらでも確認できますが、申告書のトップページとなる別表1には配当の実績も記載されるのです。

別表1を見る時のチェックポイントはここ！

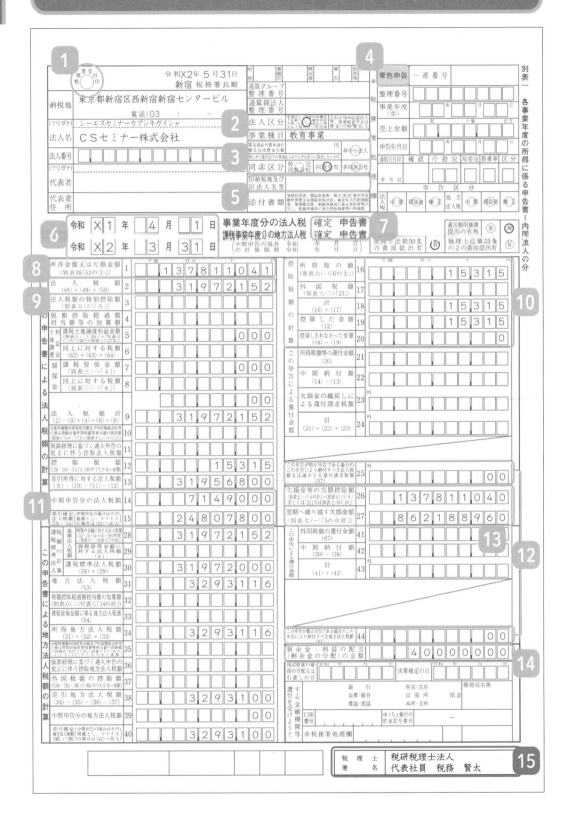

15 税理士の関与状況

税理士や税理士法人の関与がある場合は、氏名等が記載されます。
そのため税理士等の関与の有無がわかります。

他社の申告書を見る時の視点

　税理士等が頻繁に変わっている場合は次のような問題があるかもしれません。

・脱税等の無理難題を会社が依頼して、税理士が契約更新を断った。

・経理の体制がぜい弱で税理士が対応に苦慮して断った。

　必ずしも会社に原因があるとは限りませんが、過去数年の関与税理士等の入れ替わりを確認することで会社側に課題がないかどうか、気を付けて見てみましょう。

別表1次葉を見る時のチェックポイントはここ！

1

事 業 年度等	令和X1・ 4・ 1 令和X2・ 3・31	法人名	ＣＳセミナー株式会社

法 人 税 額 の 計 算

(1)のうち中小法人等の年800万円相当額以下の金額 ((1)と800万円×$\frac{}{12}$ のうち少ない金額)又は(別表一付表「5」)	45	000	(45)の15％又は19％相当額	48	
(1)のうち特例税率の適用がある協同組合等の年10億円相当額を超える金額 (1)-10億円×$\frac{}{12}$	46	000	(46)の 22 ％ 相 当 額	49	
そ の 他 の 所 得 金 額 (1)-(45)-(46)	47	137,811,000	(47)の 19％又は 23.2％相当額	50	31,972,152

地 方 法 人 税 額 の 計 算

所得の金額に対する法人税額 (28)	51	31,972,000	(51)の 10.3％ 相 当 額	53	3,293,116
課税留保金額に対する法人税額 (29)	52		(52)の 10.3％ 相 当 額	54	

こ の 申 告 が 修 正 申 告 で あ る 場 合 の 計 算

法人税額の計算	この申告前の	法 人 税 額	55			地方法人税額の計算	この申告前の	確 定 地 方 法 人 税 額	58	
		還 付 金 額	56	外			還 付 金 額	59	
							欠損金の繰戻しによる還 付 金 額	60	
		この申告により納付すべき法人税額又は減少する還付請求税額 ((15)-(55))若しくは((15)+(56))又は((56)-(24))	57	外			この申告により納付すべき地方法人税額 ((40)-(58))若しくは((40)+(59)+(60))又は(((59)-(43))+((60)-(43の外書)))	61	

土 地 譲 渡 税 額 の 内 訳

土 地 譲 渡 税 額 (別表三(二)「25」)	62		土 地 譲 渡 税 額 (別表三(三)「21」)	64	
同 上 (別表三(二の二)「26」)	63				

地 方 法 人 税 額 に 係 る 外 国 税 額 の 控 除 額 の 計 算

外 国 税 額 (別表六(二)「56」)	65		控除しきれなかった金額 (65)-(66)	67	
控 除 し た 金 額 (37)	66				

1 適用税率

法人税額は所得金額に税率を乗じて計算されます。

適用される税率は中小法人とそれ以外で異なりますので、その区分をこの別表で行っています。

中小法人（資本金１億円以下）であれば、800万円までは低い税率（軽減措置）が適用されます。それ以外の法人は、低い税率の適用はなく、2023年度であれば23.2％が適用されます。

ただし、資本金５億円以上の会社の100％子会社である中小法人の場合は、軽減税率の適用がありません。

中小法人等であったとしても、800万円を超えると中小法人以外と同じ税率（例えば、2023年度であれば23.2％）が適用されます。

＋スタディ　適用される法人税率はいくらか？

区　分		2023年度 2024年度
中小法人 資本金１億円 以下の法人 (※)	年800万以下の部分	15%
	年800万円超の部分	23.2%
大　法　人	所得金額すべて	23.2%

※　資本金が５億円以上である会社等による完全支配関係がある子会社は除かれます。これは、グループ法人税制が創設された際に、資本金の額が５億円以上の会社の100％グループ内の会社については、資本金が１億円以下の中小法人であっても軽減税率（2023年度であれば15％）は適用しないこととなったための措置です。

別表パッと見　瞬殺ワーク

申告書の実例を見て、パッと見で何に注意したらよいのかワークを行ってみましょう。

ワーク1　過去の赤字はあるのだろうか？

13

欠損金等の当期控除額 （別表七（一）「4の計」＋（別表七（三）「9」 若しくは「21」又は別表七（四）「10」）	26			1	3	7	8	1	1	0	4	0
翌期へ繰り越す欠損金額 （別表七（一）「5の合計」）	27			8	6	2	1	8	8	9	6	0

　　今期の決算で過去の赤字（繰越欠損金）を137百万円使って
いるんだな。

　　それでもまだ繰越欠損金が862百万円残っているから来期以
降儲かっても税金は抑えられそうだな。

ワーク2　儲けの具合はどこをチェックすればいいのか

8

所得金額又は欠損金額 （別表四「52の①」）	1	十億			百万			千			円	
				1	3	7	8	1	1	0	4	1

　　所得金額の欄が137,811,041円なので、法人税法上の儲けの
金額はこの金額が基礎になるな。

　　でも、ワーク1で繰越欠損金が137,811,040円控除されてい
るから、今期の実質的な法人税法上の儲けは所得金額
137,811,041円に控除された繰越欠損金137,811,040円を加えた
275,622,081円だな。

　　この数値は、別表4の39欄の差引計と同額だ。

ワーク3　結局いくら納税するのか

11

中間申告分の法人税額	14					7	1	4	9	0	0	0
差引確定/中間申告の場合はその 法人税額（税額とし、マイナス (13)－(14)　の場合は(22)へ記入）	15				2	4	8	0	7	8	0	0

　　中間納付の分7,149,000円を差し引いた残りの24,807,800円
が法人税の納税額になるのだな。

Part 3 この別表を見たらわかること

Lesson 2 別表2 ―株主の状況―

同族会社等の判定に関する明細書

事業年度	令和X1・4・1 令和X2・3・31	法人名	ＣＳセミナー株式会社

同族会社の判定					特定同族会社の判定			
期末現在の発行済株式の総数又は出資の総額	1	内	4,000		(21)の上位1順位の株式数又は出資の金額	11		1,200
(19)と(21)の上位3順位の株式数又は出資の金額	2		2,500		株式数等による判定 (11)/(1)	12		30.0 %
株式数等による判定 (2)/(1)	3		62.5 %		(22)の上位1順位の議決権の数	13		1,200
期末現在の議決権の総数	4	内	2,500		議決権の数による判定 (13)/(4)	14		48.0 %
(20)と(22)の上位3順位の議決権の数	5		2,500		(21)の社員の1人及びその同族関係者の合計人数のうち最も多い数	15		
議決権の数による判定 (5)/(4)	6		100.0 %		社員の数による判定 (15)/(7)	16		%
期末現在の社員の総数	7				特定同族会社の判定割合 ((12)、(14)又は(16)のうち最も高い割合)	17		48.0 %
社員の3人以下及びこれらの同族関係者の合計人数のうち最も多い数	8				判定結果	18		特定同族会社 / 同族会社 / 非同族会社
社員の数による判定 (8)/(7)	9		%					
同族会社の判定割合 ((3)、(6)又は(9)のうち最も高い割合)	10		100.0 %					

判 定 基 準 と な る 株 主 等 の 株 式 数 等 の 明 細

順位		判定基準となる株主（社員）及び同族関係者		判定基準となる株主等との続柄	株式数又は出資の金額等			
					被支配会社でない法人株主等		その他の株主等	
株式数等	議決権数	住所又は所在地	氏名又は法人名		株式数又は出資の金額 19	議決権の数 20	株式数又は出資の金額 21	議決権の数 22
1	1	東京都新宿区西新宿○丁目○番	税研 太郎	本 人			1,000	1,000
1	1	東京都新宿区西新宿○丁目○番	税研 花子	配偶者			200	200
2	2	大阪府大阪市	経理 好子	本 人			800	800
3	3	東京都品川区	堀井 衛門	本 人			500	500
4		東京都渋谷区	渋谷 鉄平	本 人			500	
5		東京都港区	山本 太郎	本 人			500	
6		大阪府吹田市	金田 金太郎	本 人			500	

POINT

✓ 株主の構成がわかる！

✓ 種類株式の発行状況がわかる！

ここだけ理解　別表2

◆ 社外の人にとっては貴重な情報源

　法人税法では、会社の株主構成に応じて、同族会社（特定同族会社とその他の同族会社）と非同族会社に区分します。

　同族会社かどうかによって、法人税法上の取扱いが変わる事項があります。そのため、どの会社区分に属するかを明らかにするために、別表2が作成されます。

　申告書を作成しチェックする人の立場から考えると、同族判定を誤ってしまうと結果として法人税法上の取扱いを誤ることになってしまうので、別表2は正確に作成する必要があります。

　それに対して、他社の申告書を見る人の立場で考えると、同族判定は当然合っているという前提としても、別表2には大株主の情報が記載されているので、これを知ることができるというのは大変貴重なことです。

　外部の立場では、株主名簿は簡単に入手できないケースが多いですが、法人税申告書一式を入手することができれば株主名簿の代用になるような情報を別表2を通して得ることができるのです。

　別表2には、株主の名称や所有株式数、所有議決権数が記載されます。また、株主との関係（配偶者や兄弟、親子など）も記載されるので、親族の保有状況等もわかります。

　役員が保有しているケースや従業員持株会が保有しているケースなども、その所有割合含めて株主情報が詳しくわかります。

　外部のコンサルタント的な立場として見るのであれば、株主構成が明らかになるので、事業承継等を提案するきっかけになる場合もあります。

◆ 会社を3つのカテゴリーに分類

　法人税のルールで、特定のグループごとの株式等の保有割合に応じて、会社を「**特定同族会社**」、「**同族会社**」、「**非同族会社**」の3つのカテゴリーに分類します。

　そして、同族判定の結果、どのカテゴリーに属するかによって、法人税法上の取扱いが異なってきます。

　これは、同族会社の場合は、身内や少数の親しい人たちのみで経営が行われることで、税負担を不当に低くしようとして、経済合理性のない取引が行われる可能性が否めないために税務の取扱いが厳しくなっているのです。

■ 同族・非同族判定

　特定のグループごとの株式等の保有割合に応じて、会社を「特定同族会社」、「同族会社」、「非同族会社」の3種類に分類します。

　どの区分に属するかによって、税務上の取扱いが異なってきます。

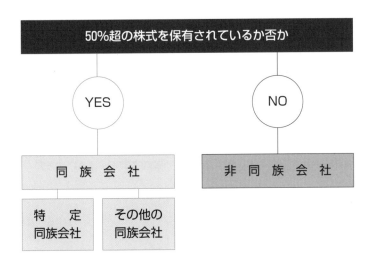

　会社のカテゴリー分けと税務上の取扱いの2点が注意点となります。

◆ 3つのカテゴリーごとに法人税法上の取扱いが異なってくる

　次に3分類に分けた後のそれぞれの具体的な法人税法上の取扱いの違いを見てみましょう。

　同族判定の3区分による影響は次の通りとなっています。

　特定同族会社とそれ以外の同族会社の違いは、留保金課税の適用があるかどうかです。非同族会社については、全て経済合理的な取引が行われるという前提で考えて、同族会社特有の制約はありません。

	法人税法上の取扱い		
	行為計算否認	みなし役員認定	留保金課税
特定同族会社	○	○	○
その他同族会社	○	○	×
非同族会社	×	×	×

○：特別な取扱いが適用される
×：特別な取扱いは適用されない

用語 ざっくり 解説

■ 同族会社

　その会社の発行済株式数または議決権総数の50%超を、上位3つのグループ以下で保有されている会社をいいます。同族会社以外の会社を非同族会社といいます。

　グループ単位で考える際に、ある株主とその親族やその親族の持株割合が50%超である会社を1グループとして考えます。

■ 特定同族会社

　同族会社のうち、その会社の発行済株式総数等の50%超を1グループの株主等に保有されている会社をいいます。

　ただし、上位1グループが法人株主である場合に、その法人株主自体が上位1グループの株主に50%を超えて支配されていない場合は、その法人株主を除いて判定します。

　また、同族会社のうち資本金が1億円以下の会社（一定のものを除きます。）は特定同族会社から除かれます。

用語 ざっくり 解説

■ 行為計算否認

　同族会社は少数の株主だけで経営がなされているので、そうでない非同族会社と異なり通常考えられる経済行為からかけ離れた行為が行われる可能性があるという前提で法人税法は考えます。通常とかけ離れた行為の結果、税負担が著しく軽減された場合に、税務署長は同族会社のその行為や計算を否認して非同族会社が通常行うであろう行為や計算で課税をすることとします。

■ みなし役員認定

　同族会社の大株主は、使用人であっても役員として取り扱われたり、使用人兼務役員とはみなされない制限が課されています。役員とみなされた結果、賞与が損金算入できなくなることがあります。

　この判定にあたって、大株主に該当するのは、同族判定で上位3位以内の株主グループに属していることに加えて、属している株主グループにおいて10％以上の株式を所有していること、かつ本人（配偶者を含みます。）の持株割合が5％を超えている場合です。

■ 留保金課税

　特定同族会社の各事業年度の内部留保金額が、一定金額を上回った場合には、その超過部分に対して留保金課税という税金が課される制度があります。

　この規定は、特定同族会社の判定にあたって資本金が1億円以下の会社は除かれます。ただし、資本金が1億円以下であっても資本金5億円以上の会社（大法人）の100％子会社は除外されません。

別表2を見る時のチェックポイントはここ！

別表2

同族会社等の判定に関する明細書

| 事業年度 | 令和X1・4・1
令和X2・3・31 | 法人名 | CSセミナー株式会社 | 別表二 |

同族会社の判定	期末現在の発行済株式の総数又は出資の総額	1	内 4,000	特定同族会社の判定	(21)の上位1順位の株式数又は出資の金額	11	1,200
	(19)と(21)の上位3順位の株式数又は出資の金額	2	2,500		株式数等による判定 (11)/(1)	12	30.0 %
	株式数等による判定 (2)/(1)	3	62.5 %		(22)の上位1順位の議決権の数	13	1,200
	期末現在の議決権の総数	4	内 2,500		議決権の数による判定 (13)/(4)	14	48.0 %
	(20)と(22)の上位3順位の議決権の数	5	2,500		(21)の社員の1人及びその同族関係者の合計人数のうち最も多い数	15	
	議決権の数による判定 (5)/(4)	6	100.0 %		社員の数による判定 (15)/(7)	16	%
	期末現在の社員の総数	7			特定同族会社の判定割合 ((12)、(14)又は(16)のうち最も高い割合)	17	48.0 %
	社員の3人以下及びこれらの同族関係者の合計人数のうち最も多い数	8		判定結果		18	特定同族会社 同族会社 非同族会社
	社員の数による判定 (8)/(7)	9	%				
	同族会社の判定割合 ((3)、(6)又は(9)のうち最も高い割合)	10	100.0 %				

判定基準となる株主等の株式数等の明細

順位		判定基準となる株主（社員）及び同族関係者		判定基準となる株主等との続柄	被支配会社でない法人株主等		その他の株主等	
株式数等	議決権数	住所又は所在地	氏名又は法人名		株式数又は出資の金額 19	議決権の数 20	株式数又は出資の金額 21	議決権の数 22
1	1	東京都新宿区西新宿○丁目○番	税研 太郎	本 人			1,000	1,000
1	1	東京都新宿区西新宿○丁目○番	税研 花子	配偶者			200	200
2	2	大阪府大阪市	経理 好子	本 人			800	800
3	3	東京都品川区	堀井 衛門	本 人			500	500
4		東京都渋谷区	渋谷 鉄平	本 人			500	
5		東京都港区	山本 太郎	本 人			500	
6		大阪府吹田市	金田 金太郎	本 人			500	

1 同族会社かどうかの判定　　　　　　　　　　→ ワーク1

会社が次のいずれに該当するのかが判定されています。

・特定同族会社

・同族会社

・非同族会社

のいずれであるかが記載されます。

いずれのカテゴリーに該当するかによって、「行為計算否認」、「みなし役員認定」、「留保金課税」の適用の有無が異なってきます。

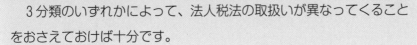

他社の申告書を見る時の視点

　3分類のうち会社がどこに分類されているのかをチェックしましょう。

　3分類のいずれかによって、法人税法の取扱いが異なってくることをおさえておけば十分です。

2 同族会社判定

同族会社に該当するかどうかの判定結果が記載されています。上位3株主グループで過半数の株式を保有しているかどうかが判断基準になりますので、「同族会社の判定割合」が50％を超えているかどうかを確認しましょう。50％超であれば同族会社になります。

3 特定同族会社判定

特定同族会社に該当するかどうかの判定結果が記載されています。

資本金が1億円超の会社のうち、上位1株主グループで過半数の株式を保有している会社に限られます。

「特定同族会社の判定割合」が50％を超えている場合は、特定同族会社になります。

特定同族会社に該当する場合は、留保金課税の適用がありますので、専用の別表（別表3(1)）を作成する必要があります。

別表2を見る時のチェックポイントはここ！

同族会社等の判定に関する明細書

| | 事業年度 | 令和X1・4・1
令和X2・3・31 | 法人名 | CSセミナー株式会社 | 別表二 |

同族会社の判定	期末現在の発行済株式の総数又は出資の総額	1	内 4,000	特定同族会社の判定	(21)の上位1順位の株式数又は出資の金額	11	1,200
	(19)と(21)の上位3順位の株式数又は出資の金額	2	2,500		株式数等による判定 (11)/(1)	12	30.0 %
	株式数等による判定 (2)/(1)	3	62.5 %		(22)の上位1順位の議決権の数	13	1,200
	期末現在の議決権の総数	4	内 2,500		議決権の数による判定 (13)/(4)	14	48.0 %
	(20)と(22)の上位3順位の議決権の数	5	2,500		(21)の社員の1人及びその同族関係者の合計人数のうち最も多い数	15	
	議決権の数による判定 (5)/(4)	6	100.0 %		社員の数による判定 (15)/(7)	16	%
	期末現在の社員の総数	7			特定同族会社の判定割合 ((12)、(14)又は(16)のうち最も高い割合)	17	48.0 %
	社員の3人以下及びこれらの同族関係者の合計人数のうち最も多い数	8					
	社員の数による判定 (8)/(7)	9	%		判定結果	18	特定同族会社 同族会社 非同族会社
	同族会社の判定割合 ((3)、(6)又は(9)のうち最も高い割合)	10	100.0 %				

判定基準となる株主等の株式数等の明細

順位		判定基準となる株主（社員）及び同族関係者		判定基準となる株主等との続柄	株式数又は出資の金額等			
					被支配会社でない法人株主等		その他の株主等	
株式数等	議決権数	住所又は所在地	氏名又は法人名		株式数又は出資の金額 19	議決権の数 20	株式数又は出資の金額 21	議決権の数 22
1	1	東京都新宿区西新宿○丁目○番	税研 太郎	本人			1,000	1,000
1	1	東京都新宿区西新宿○丁目○番	税研 花子	配偶者			200	200
2	2	大阪府大阪市	経理 好子	本人			800	800
3	3	東京都品川区	堀井 衛門	本人			500	500
4		東京都渋谷区	渋谷 鉄平	本人			500	
5		東京都港区	山本 太郎	本人			500	
6		大阪府吹田市	金田 金太郎	本人			500	

4 親族ごと ➡ ワーク2

　同一グループは同一順位になります。親子であればそれぞれ株を持っていても同一順位として記載されます。逆を言えば、同一順位に記載されている場合は、同一グループと考えておく必要があります。

　同一グループの中には、親族がいますが、親族の範囲は、6親等内の血族、配偶者および3親等内の姻族をいいます。これに加えて、内縁関係者、個人株主の使用人等の個人や持ち株割合が50%超の他の会社も同一グループに含まれます。

▶ 同一グループに該当する「特殊の関係のある個人及び法人」

特殊関係のある個人	特殊関係のある法人
・株主の親族 ・内縁関係者 ・個人株主の使用人等	・持ち株割合50%超の他の会社

🔍 自社のチェッカーとしての視点

　同族判定を間違えると留保金課税の有無等税金にも影響が出てしまいますので、株主情報の入力は最新の株主名簿を入手して慎重に行いましょう。株主構成は変わっていないだろうと高をくくっていると、異動があって同族判定を間違えてしまうというような基本的なミスも起きてしまいます。

🔍 他社の申告書を見る時の視点

　同一順位として記載されている株主は、同一グループに属しますので、親族関係等もここから読み取れます。

☑ ここだけはチェック！

　別表2には、株主の状況が親族関係なのかを含めてわかったり、議決権の情報もあるので、ほかではなかなか触れられない貴重な情報が詰まっているんだな。

別表2を見る時のチェックポイントはここ！

2

同族会社等の判定に関する明細書

| 事業年度 | 令和X1・ 4・ 1
令和X2・ 3・ 31 | 法人名 | ＣＳセミナー株式会社 | 別表二 |

3

1

同族会社の判定	期末現在の発行済株式の総数又は出資の総額	1	内 4,000	特定同族会社の判定	(21)の上位1順位の株式数又は出資の金額	11	1,200
	(19)と(21)の上位3順位の株式数又は出資の金額	2	2,500		株式数等による判定 (11)/(1)	12	30.0 %
	株式数等による判定 (2)/(1)	3	62.5 %		(22)の上位1順位の議決権の数	13	1,200
	期末現在の議決権の総数	4	内 2,500		議決権の数による判定 (13)/(4)	14	48.0 %
	(20)と(22)の上位3順位の議決権の数	5	2,500		(21)の社員の3人以下及びこれらの同族関係者の合計人数のうち最も多い数	15	
	議決権の数による判定 (5)/(4)	6	100.0 %		社員の数による判定 (15)/(7)	16	%
	期末現在の社員の総数	7			特定同族会社の判定割合 ((12)、(14)又は(16)のうち最も高い割合)	17	48.0 %
	社員の3人以下及びこれらの同族関係者の合計人数のうち最も多い数	8		判定結果	18	特定同族会社 同族会社 非同族会社	
	社員の数による判定 (8)/(7)	9	%				
	同族会社の判定割合 ((3)、(6)又は(9)のうち最も高い割合)	10	100.0 %				

4

判定基準となる株主等の株式数等の明細

順位		判定基準となる株主（社員）及び同族関係者		判定基準となる株主等との続柄	株式数又は出資の金額等			
					被支配会社でない法人株主等		その他の株主等	
株式数等	議決権数				株式数又は出資の金額	議決権の数	株式数又は出資の金額	議決権の数
		住所又は所在地	氏名又は法人名		19	20	21	22
1	1	東京都新宿区西新宿○丁目○番	税研 太郎	本 人			1,000	1,000
1	1	東京都新宿区西新宿○丁目○番	税研 花子	配偶者			200	200
2	2	大阪府大阪市	経理 好子	本 人			800	800
3	3	東京都品川区	堀井 衛門	本 人			500	500
4		東京都渋谷区	渋谷 鉄平	本 人			500	
5		東京都港区	山本 太郎	本 人			500	
6		大阪府吹田市	金田 金太郎	本 人			500	

5

5　種類株式　　　➡ ワーク3

議決権が制限されている配当優先株式等が発行されている場合は、議決権の数が記載されます。

議決権制限株式の発行の有無を把握することができます。

🔍 他社の申告書を見る時の視点

株主構成から資本政策を検討することもできます。

例えば、

・親族内での次世代への株式異動

・分散している株主を1グループに集約する対策

などが考えられます。

また、種類株式を発行しているようであれば、誰に意思決定が集中しているのかも別表2を見ればわかります。

別表2

別表
2

別表パッと見　瞬殺ワーク

申告書の実例を見て、パッと見で何に注意したらよいのかワークを行ってみましょう。

ワーク1　同族・非同族会社のどのカテゴリーにいるのだろうか

1

判　定　結　果	18	特 定 同 族 会 社
		同　族　会　社
		非 同 族 会 社

同族会社に該当するのだな。

留保金課税はかからないけど、行為計算の否認とみなし役員認定は留意が必要だな。

ワーク2　株主構成はどうなっているのだろうか

4

順位		判定基準となる株主（社員）及び同族関係者		判定基準となる株主等との続柄
株式数等	議決権数	住所又は所在地	氏名又は法人名	
1	1	東京都新宿区西新宿○丁目○番	税研　太郎	本　人
1	1	東京都新宿区西新宿○丁目○番	税研　花子	配 偶 者
2	2	大阪府大阪市	経理　好子	本　人
3	3	東京都品川区	堀井　衛門	本　人
4		東京都渋谷区	渋谷　鉄平	本　人
5		東京都港区	山本　太郎	本　人
6		大阪府吹田市	金田　金太郎	本　人

　筆頭株主は、税研氏ファミリーで、太郎さんと花子さんは順位が同順位の1位だから親族ということか。

　続柄を見たら夫婦であることもわかったぞ。

　他にも個人株主がいるけど、どのような関係なのかは確認が必要だな。

ワーク3 種類株式は発行しているのだろうか

5

順位	順位	判定基準となる株主（社員）及び同族関係者	判定基準となる株主（社員）及び同族関係者	判定基準となる株主等との続柄	株式数又は出資の金額等 被支配会社でない法人株主等	株式数又は出資の金額等 被支配会社でない法人株主等	株式数又は出資の金額等 その他の株主等	株式数又は出資の金額等 その他の株主等
株式数等	議決権数	住所又は所在地	氏名又は法人名		株式数又は出資の金額 19	議決権の数 20	株式数又は出資の金額 21	議決権の数 22
1	1	東京都新宿区西新宿○丁目○番	税研　太郎	本　人			1,000	1,000
1	1	東京都新宿区西新宿○丁目○番	税研　花子	配偶者			200	200
2	2	大阪府大阪市	経理　好子	本　人			800	800
3	3	東京都品川区	堀井　衛門	本　人			500	500
4		東京都渋谷区	渋谷　鉄平	本　人			500	
5		東京都港区	山本　太郎	本　人			500	
6		大阪府吹田市	金田　金太郎	本　人			500	

　種類株式を発行しているようで、議決権があるのは税研ファミリーの2名の他に個人株主2名だな。

　渋谷さん、山本さん、金田さんは議決権がないようだ。

　登記簿謄本で種類株式について、発行内容を調べておいた方がよさそうだな。

Part 3　この別表を見たらわかること

Lesson 3　別表4
―税務の儲けの状況―

所得の金額の計算に関する明細書

| 事業年度 | 令和X1・ 4・ 1
令和X2・ 3・31 | 法人名 | CSセミナー株式会社 | 別表四 |

御注意

「52」の①欄の金額は、②欄の金額に③欄の本書の金額を加算し、これから「※」の金額を加減算した額と符合することになります。

区　分		総　額	処　分	
		①	留　保 ②	社外流出 ③
当 期 利 益 又 は 当 期 欠 損 の 額	1	200,000,000 円	160,000,000 円	配当 40,000,000 円
				その他
加	損金経理をした法人税及び地方法人税（附帯税を除く。）	2	7,149,000	7,149,000	
	損金経理をした道府県民税及び市町村民税	3	1,239,300	1,239,300	
	損 金 経 理 を し た 納 税 充 当 金	4	20,000,000	20,000,000	
	損金経理をした附帯税（利子税を除く。）、加算金、延滞金（延納分を除く。）及び過怠税	5	400,000		その他 400,000
	減 価 償 却 の 償 却 超 過 額	6	3,700,000	3,700,000	
	役 員 給 与 の 損 金 不 算 入 額	7			その他
	交 際 費 等 の 損 金 不 算 入 額	8	4,000,000		その他 4,000,000
算	通 算 法 人 に 係 る 加 算 額 （別表四付表「5」）	9			外※
	次 葉 紙 合 計	10	68,930,000	68,930,000	
	小　　計	11	105,418,300	101,018,300	外※ 4,400,000
減	減価償却超過額の当期認容額	12			
	納税充当金から支出した事業税等の金額	13	3,206,200	3,206,200	
	受 取 配 当 等 の 益 金 不 算 入 額 （別表八（一）「5」）	14	8,605,334		※ 8,605,334
	外国子会社から受ける剰余金の配当等の益金不算入額 （別表八（二）「26」）	15			※
	受 贈 益 の 益 金 不 算 入 額	16			※
	適 格 現 物 分 配 に 係 る 益 金 不 算 入 額	17			※
	法人税等の中間納付額及び過誤納に係る還付金額	18			
	所得税額等及び欠損金の繰戻しによる還付金額等	19			※
算	通 算 法 人 に 係 る 減 算 額 （別表四付表「10」）	20			※
	賞 与 引 当 金 当 期 認 容	21	18,000,000	18,000,000	
	小　　計	22	29,811,534	21,206,200	外※ 8,605,334
仮　　計 (1)+(11)-(22)	23	275,606,766	239,812,100	外※ △8,605,334 44,400,000
対 象 純 支 払 利 子 等 の 損 金 不 算 入 額 （別表十七（二の二）「29」又は「34」）	24			その他
超 過 利 子 額 の 損 金 算 入 額 （別表十七（二の三）「10」）	25			△
仮　　計 （(23)から(25)までの計）	26	275,606,766	239,812,100	外※ △8,605,334 44,400,000
寄 附 金 の 損 金 不 算 入 額 （別表十四（二）「24」又は「40」）	27			その他
沖縄の認定法人又は国家戦略特別区域における指定法人の所得の特別控除額 （別表十（一）「15」若しくは別表十（二）「10」又は別表十（一）「16」若しくは別表十（二）「11」）	28			※
法 人 税 額 か ら 控 除 さ れ る 所 得 税 額 （別表六（一）「6の③」）	29	15,315		その他 15,315
税 額 控 除 の 対 象 と な る 外 国 法 人 税 の 額 （別表六（二の二）「7」）	30			その他
分配時調整外国税相当額及び外国関係会社等に係る控除対象所得税額等相当額 （別表六（五の二）「5の②」）+（別表十七（三の六）「1」）	31			その他
組合等損失額の損金不算入額又は組合等損失超過合計額の損金算入額 （別表九（二）「10」）	32			
対外船舶運航事業者の日本船舶による収入金額に係る所得の金額の損金算入額又は益金算入額 （別表十（四）「20」、「21」又は「23」）	33			※
合　　計 (26)+(27)±(28)+(29)+(30)+(31)+(32)±(33)	34	275,622,081	239,812,100	外※ △8,605,334 44,415,315
契 約 者 配 当 の 益 金 算 入 額 （別表九（一）「13」）	35			
特定目的会社等の支払配当又は特定目的信託に係る受託法人の利益の分配等の損金算入額 （別表十（八）「13」、別表十（九）「11」又は別表十（十）「16」若しくは「33」）	36			
中間申告における繰戻しによる還付に係る災害損失欠損金額の益金算入額	37			※
非適格合併又は残余財産の全部分配等による移転資産等の譲渡利益額又は譲渡損失額	38			※
差　　引　　計 （(34)から(38)までの計）	39	275,622,081	239,812,100	外※ △8,605,334 44,415,315
更生欠損金又は民事再生等評価換えが行われる場合の再生等欠損金の損金算入額 （別表七（三）「9」又は「21」）	40			※
通算対象欠損金額の損金算入額又は通算対象所得金額の益金算入額 （別表七の二「5」又は「11」）	41			※
当 初 配 賦 欠 損 金 控 除 額 の 益 金 算 入 額 （別表七（二）付表一「23の計」）	42			※
差　　引　　計 (39)+(40)±(41)+(42)	43	275,622,081	239,812,100	外※ △8,605,334 44,415,315
欠 損 金 等 の 当 期 控 除 額 （別表七（一）「4の計」）+（別表七（四）「10」）	44	△137,811,040		△137,811,040
総　　計 (43)+(44)	45	137,811,041	239,812,100	外※ △146,416,374 44,415,315
新鉱床探鉱費又は海外新鉱床探鉱費の特別控除額 （別表十（三）「43」）	46			※
農業経営基盤強化準備金積立額の損金算入額 （別表十二（十四）「10」）	47			
農用地等を取得した場合の圧縮額の損金算入額 （別表十二（十四）「43の計」）	48			
関西国際空港用地整備準備金積立額、中部国際空港整備準備金積立額又は再投資等準備金積立額の損金算入額 （別表十二（十一）「15」、別表十二（十）「10」又は別表十二（十五）「12」）	49			
特定事業活動として特別新事業開拓事業者の株式の取得をした場合の特別勘定繰入額の損金算入額又は特別勘定取崩額の益金算入額 （別表十（六）「21」～「11」）	50			※
残余財産の確定の日の属する事業年度に係る事業税及び特別法人事業税の損金算入額	51			△
所 得 金 額 又 は 欠 損 金 額	52	137,811,041	239,812,100	外※ △146,416,374 44,415,315

POINT

✓ 会計上の利益と法人税法上の所得との関係がわかる！

✓ 税引前利益と所得金額との違いに注目！

ここだけ理解　別表4

◆ 会計上の利益から所得金額を算出

別表4の最大の役割は、法人税額の基礎となる所得金額を算定することにあります。

企業会計の利益と税務会計の所得はそれぞれ次のように算出するということは、**Part 1**で説明しましたよね。

| 企業会計における当期純利益 | ＝ | 収　益 | － | 費　用 |
| 税務会計における所得金額 | ＝ | 益　金 | － | 損　金 |

では、当期純利益と所得金額は等しくなったでしょうか？違いましたね。

次の算式のようにイコールにはなりません。

| 当期純利益 | ≠ | 所得金額 |

そこで、損益計算書上の「当期純利益」を基礎に、別表4において、企業会計と法人税法の異なる部分をプラス（加算）・マイナス（減算）することによって、法人税法上の「所得金額」を算出します。

税務と会計との相違を「加算」または「減算」して調整することを「申告調整」といいましたね。そして、申告調整の内容を記載しているのが、別表4なのです。ですから、申告調整の内容は、別表4を見ればわかるのです。

▶ 所得金額の算定

◆ 当期利益と申告調整額を留保と社外流出に区分

別表4のもうひとつの役割として、所得金額の算定の中で、**留保金額**と**社外流出金額**と区分するということがあります。

別表4においては、当期利益（当期欠損）と申告調整額を「留保」と「社外流出」に区分します。

留保と社外流出の違いは次の通りです。

留　　保……翌期以降の所得金額の計算に影響を与える項目

社外流出……翌期に影響を与えずに当期で所得金額の計算が完結する項目

別表5(1)（Lesson 4） で触れますが、留保項目は別表5(1)に反映されることになります。別表4での留保と社外流出の区分が別表5(1)に影響を及ぼすことになりますので、ここでの区分は重要となります。

▶ 留保と社外流出に区分

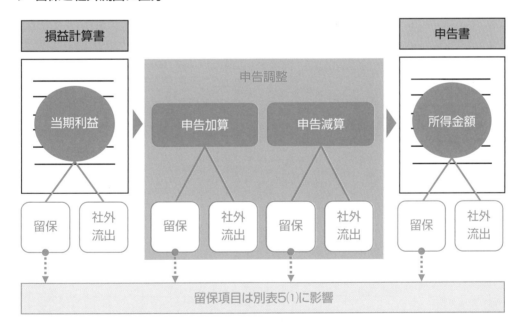

別表４を見る時のチェックポイントはここ！

所得の金額の計算に関する明細書

| 事業年度 | 令和 X1・ 4・ 1 令和 X2・ 3・31 | 法人名 | ○○セミナー株式会社 | 別表四 |

御注意	区　　　分		総　額 ①	留　保 ②	社　外　流　出 ③
	当 期 利 益 又 は 当 期 欠 損 の 額	1	200,000,000 円	160,000,000 円	配当 40,000,000 円
					その他
加算	損金経理をした法人税及び地方法人税(附帯税を除く。)	2	7,149,000	7,149,000	
	損金経理をした道府県民税及び市町村民税	3	1,239,300	1,239,300	
	損 金 経 理 を し た 納 税 充 当 金	4	20,000,000	20,000,000	
	損金経理をした附帯税(利子税を除く。)、加算金、延滞金(延納分を除く。)及び過怠税	5	400,000		その他 400,000
	減 価 償 却 の 償 却 超 過 額	6	3,700,000	3,700,000	
	役 員 給 与 の 損 金 不 算 入 額	7			その他
	交 際 費 等 の 損 金 不 算 入 額	8	4,000,000		その他 4,000,000
	通 算 法 人 に 係 る 加 算 額 (別表四付表「5」)	9			外※
	次 葉 紙 合 計	10	68,930,000	68,930,000	
	小　　計	11	105,418,300	101,018,300	4,400,000
減算	減 価 償 却 超 過 額 の 当 期 認 容 額	12			
	納税充当金から支出した事業税等の金額	13	3,206,200	3,206,200	
	受 取 配 当 等 の 益 金 不 算 入 額 (別表八( )「 」)	14	8,605,334		※ 8,605,334
	外国子会社から受ける剰余金の配当等の益金不算入額 (別表八(二)「26」)	15			※
	受 贈 益 の 益 金 不 算 入 額	16			※
	適 格 現 物 分 配 に 係 る 益 金 不 算 入 額	17			※
	法人税等の中間納付額及び過誤納に係る還付金額	18			
	所得税額等及び欠損金の繰戻しによる還付金額等	19			※
	通 算 法 人 に 係 る 減 算 額 (別表四付表「10」)	20			※
	賞 与 引 当 金 当 期 認 容	21	18,000,000	18,000,000	
	小　　計	22	29,811,534	21,206,200	外※ 8,605,334
	仮 計 (1)+(11)-(22)	23	275,606,766	239,812,100	外※ △8,605,334 44,400,000
	対象純支払利子等の損金不算入額 (別表十七(二の二)「29」又は「34」)	24			その他
	超 過 利 子 額 の 損 金 算 入 額 (別表十七(二の三)「10」)	25			※
	仮 計 (23)から(25)までの計	26	275,606,766	239,812,100	外※ △8,605,334 44,400,000
	寄 附 金 の 損 金 不 算 入 額 (別表十四(二)「24」又は「40」)	27			その他
	沖縄の認定法人又は国家戦略特別区域における指定法人の所得の特別控除額又は要加算調整額の益金算入額 (別表十(一)「15」若しくは別表十(二)「10」又は別表十(一)「16」若しくは別表十(二)「11」)	28			※
	法 人 税 額 か ら 控 除 さ れ る 所 得 税 額 (別表六(一)「6の③」)	29	15,315		その他 15,315
	税 額 控 除 の 対 象 と な る 外 国 法 人 税 の 額 (別表六(二の二)「7」)	30			その他
	分配時調整外国税相当額及び外国関係会社等に係る控除対象所得税額等相当額 (別表六(五の二)「5の②」)+(別表十七(三の六)「1」)	31			その他
	組合等損失額の損金不算入額又は組合等損失超過合計額の損金算入額 (別表九(二)「10」)	32			
	対外船舶運航事業者の日本船舶による収入金額に係る所得の金額の損金算入額又は益金算入額 (別表十(四)「20」、「21」又は「23」)	33			※
	合 計 (26)+(27)+(28)+(29)+(30)+(31)+(32)±(33)	34	275,622,081	239,812,100	外※ △8,605,334 44,415,315
	契 約 者 配 当 の 益 金 算 入 額 (別表九(一)「13」)	35			
	特定目的会社等の支払配当又は特定目的信託に係る受託法人の利益の分配等の損金算入額 (別表十(八)「13」、別表十(九)「11」又は別表十(十)「若しくは「33」)	36			
	中間申告における繰戻しによる還付に係る災害損失欠損金額の益金算入額	37			※
	非適格合併又は残余財産の全部分配等による移転資産等の譲渡利益額又は譲渡損失額	38			※
	差 引 計 (34)から(38)までの計	39	275,622,081	239,812,100	外※ △8,605,334 44,415,315
	更生欠損金又は民事再生等評価換えが行われる場合の再生等欠損金の損金算入額 (別表七(三)「9」又は「21」)	40			※
	通算対象欠損金額の損金算入額又は通算対象所得金額の益金算入額 (別表七の二「5」又は「11」)	41			※
	当 初 配 賦 欠 損 金 控 除 額 の 益 金 算 入 額 (別表七(二)付表一「23の計」)	42			※
	差 引 計 (39)+(40)+(41)+(42)	43	275,622,081	239,812,100	外※ △8,605,334 44,415,315
	欠 損 金 等 の 当 期 控 除 額 (別表七(一)「4の計」)+(別表七(四)「10」)	44	△137,811,040		※ △137,811,040
	総 計 (43)+(44)	45	137,811,041	239,812,100	外※ △146,416,374 44,415,315
	新鉱床探鉱費又は海外新鉱床探鉱費の特別控除額 (別表十(三)「43」)	46			※
	農業経営基盤強化準備金積立額の損金算入額 (別表十二(十四)「10」)	47			
	農用地等を取得した場合の圧縮額の損金算入額 (別表十二(十四)「43の計」)	48			
	関西国際空港用地整備準備金積立額、中部国際空港整備準備金積立額又は再投資等準備金積立額の損金算入額 (別表十二(十一)「15」、別表十二(十二)「10」又は別表十二(十五)「12」)	49			
	特定事業活動として特別新事業開拓事業者の株式の取得をした場合の特別勘定繰入額の損金算入額又は特別勘定取崩額の益金算入額 (別表十(六)「21」-「11」)	50			※
	残余財産の確定の日の属する事業年度に係る事業税及び特別法人事業税の損金算入額	51			
	所 得 金 額 又 は 欠 損 金 額	52	137,811,041	239,812,100	外※ △146,416,374 44,415,315

御注意 「52」の①欄は、②欄の金額、③欄の金額(⑥書の金額を加算し、これから「※」の金額を加減算した額と符合することになります。)

1 損益計算書の当期利益がスタート

損益計算書の当期純利益（税引き後）と一致します。

🔍 自社のチェッカーとしての視点

　損益計算書の税引き後の当期純利益と一致していることを確認しましょう。

　決算修正が何度かあると申告書の当期利益の金額を修正し忘れて、一致していないことがありますが、この場合、当然税金計算は間違っていることになります。

2 留　　保

翌期以降の所得計算に影響を及ぼすものです。

基本的には社外流出でないものが留保という理解で良いです。

留保と社外流出の違いは、ややわかりにくいかもしれませんが、興味がある方は、次の例で留保の意味を理解してください。

例えば、会計上は収益認識するには時期尚早という判断となったが、法人税法上は収益認識すべきとの判断となったとします。この場合、会計上は翌期の収益で、法人税法上は当期の益金となります。このケースでは、申告調整として別表4で益金算入の対象として加算しますが、翌期に会計で収益計上された場合にはすでに法人税法上は収益認識済みなので、再度認識する必要がありません。翌期には減算することで当期の加算と合わせると今期と翌期を通じて考えるとプラスマイナスゼロとなります。このように翌期の所得計算に影響を及ぼすので、当期に加算調整する際に「留保」に区分されます。

☑ ここだけはチェック！

　「留保」だと翌期以降に影響するけど、「社外流出」だと翌期に影響せずにその期で完結するのね。

所得の金額の計算に関する明細書

| 事業年度 | 令和X1・4・1 令和X2・3・31 | 法人名 | ○○セミナー株式会社 | 別表四 |

| | 区　　　分 | | 総　額 ① | 処　分 |
				留　保 ②	社　外　流　出 ③
	当　期　利　益　又　は　当　期　欠　損　の　額	1	200,000,000 円	160,000,000 円	配当	40,000,000 円
					その他	
加算	損金経理をした法人税及び地方法人税(附帯税を除く。)	2	7,149,000	7,149,000		
	損金経理をした道府県民税及び市町村民税	3	1,239,300	1,239,300		
	損　金　経　理　を　し　た　納　税　充　当　金	4	20,000,000	20,000,000		
	損金経理をした附帯税(利子税を除く。)、加算金、延滞金(延納分を除く。)及び過怠税	5	400,000		その他	400,000
	減　価　償　却　の　償　却　超　過　額	6	3,700,000	3,700,000		
	役　員　給　与　の　損　金　不　算　入　額	7			その他	
	交　際　費　等　の　損　金　不　算　入　額	8	4,000,000		その他	4,000,000
	通算法人に係る加算額(別表四付表「5」)	9			外※	
	次　　葉　　紙　　合　　計	10	68,930,000	68,930,000		
	小　　　　　　　計	11	105,418,300	101,018,300		4,400,000
減算	減価償却超過額の当期認容額	12				
	納税充当金から支出した事業税等の金額	13	3,206,200	3,206,200		
	受取配当等の益金不算入額(別表八(一)「5」)	14	8,605,334		※	8,605,334
	外国子会社から受ける剰余金の配当等の益金不算入額(別表八(二)「26」)	15			※	
	受　贈　益　の　益　金　不　算　入　額	16			※	
	適　格　現　物　分　配　に　係　る　益　金　不　算　入　額	17			※	
	法人税等の中間納付額及び過誤納に係る還付金額	18				
	所得税額等及び欠損金の繰戻しによる還付金額等	19			※	
	通算法人に係る減算額(別表四付表「10」)	20			※	
	賞　与　引　当　金　当　期　認　容	21	18,000,000	18,000,000		
	小　　　　　　　計	22	29,811,534	21,206,200	外※	8,605,334
	仮　　計 (1)+(11)-(22)	23	275,606,766	239,812,100	外※	△8,605,334 44,400,000
	対象純支払利子等の損金不算入額(別表十七(この二)「29」又は「34」)	24			その他	
	超　過　利　子　額　の　損　金　算　入　額(別表十七(この三)「10」)	25			※	
	仮　　計 ((23)から(25)までの計)	26	275,606,766	239,812,100	外※	△8,605,334 44,400,000
	寄　附　金　の　損　金　不　算　入　額(別表十四(二)「24」又は「40」)	27			その他	
	沖縄の認定法人又は国家戦略特別区域における指定法人の所得の特別控除額又は要加算調整額の益金算入額(別表十(一)「15」若しくは別表十(二)「10」又は別表十(一)「16」若しくは別表十(二)「11」)	28			※	
	法　人　税　額　か　ら　控　除　さ　れ　る　所　得　税　額(別表六(一)「6の③」)	29	15,315		その他	15,315
	税　額　控　除　の　対　象　と　な　る　外　国　法　人　税　の　額(別表六(二の二)「7」)	30			その他	
	分配時調整外国税相当額及び外国関係会社等に係る控除対象所得税額等相当額(別表六(五の二)「5の②」)+(別表十七(三の六)「1」)	31			その他	
	組合等損失額の損金不算入額又は組合等損失超過合計額の損金算入額(別表九(二)「10」)	32				
	対外船舶運航事業者の日本船舶による収入金額に係る所得の金額の損金算入額又は益金算入額(別表十(四)「20」、「21」又は「23」)	33			※	
	合　計 (26)+(27)±(28)+(29)+(30)+(31)+(32)±(33)	34	275,622,081	239,812,100	外※	△8,605,334 44,415,315
	契約者配当の益金算入額(別表九(一)「13」)	35				
	特定目的会社等の支払配当又は特定目的信託に係る受託法人の利益の分配等の損金算入額(別表十(八)「13」、別表十(九)「11」又は別表十(十)「16」若しくは「33」)	36				
	中間申告における繰戻しによる還付に係る災害損失欠損金額の益金算入額	37			※	
	非適格合併又は残余財産の全部分配等による移転資産等の譲渡利益額又は譲渡損失額	38			※	
	差　　引　　計 ((34)から(38)までの計)	39	275,622,081	239,812,100	外※	△8,605,334 44,415,315
	更生欠損金又は民事再生等評価換えが行われる場合の再生等欠損金の損金算入額(別表七(三)「9」又は「21」)	40			※	
	通算対象欠損金額の損金算入額又は通算対象所得金額の益金算入額(別表七の二「5」又は「11」)	41			※	
	当初配賦欠損金控除額の益金算入額(別表七(二)付表一「23の計」)	42			※	
	差　　引　　計 (39)+(40)±(41)+(42)	43	275,622,081	239,812,100	外※	△8,605,334 44,415,315
	欠　損　金　等　の　当　期　控　除　額(別表七(一)「4の計」)+(別表七(四)「10」)	44	△137,811,040		※	△137,811,040
	総　　計 (43)+(44)	45	137,811,041	239,812,100	外※	△146,416,374 44,415,315
	新鉱床探鉱費又は海外新鉱床探鉱費の特別控除額(別表十(三)「43」)	46			※	
	農業経営基盤強化準備金積立額の損金算入額(別表十二(十四)「10」)	47				
	農用地等を取得した場合の圧縮額の損金算入額(別表十二(十四)「43の計」)	48				
	関西国際空港用地整備準備金積立額、中部国際空港整備準備金積立額又は再投資等準備金積立額の損金算入額(別表十二(十一)「15」、別表十二(十二)「10」又は別表十二(十五)「12」)	49				
	特定事業活動として特別新事業開拓事業者の株式の取得をした場合の特別勘定繰入額の損金算入額又は特別勘定取崩額の益金算入額(別表十(六)「21」-「11」)	50			※	
	残余財産の確定の日の属する事業年度に係る事業税及び特別法人事業税の損金算入額	51				
	所　得　金　額　又　は　欠　損　金　額	52	137,811,041	239,812,100	外※	△146,416,374 44,415,315

3　社 外 流 出

　取り戻しのできない経費等が記載されます。

　損金に算入されない役員賞与、交際費などが代表的な例です。交際費については**別表15**（**Lesson11**）で説明します。

　減算項目の中に、受取配当等の益金不算入というものがありますが、こちらも社外流出です。この点は**別表 8（1）**（**Lesson 7**）で触れます。

別表4

4　加　　　算

　会計上は費用になるが、法人税法上は損金にならないもの（損金不算入）や、会計上は収益にならないが、法人税法上は益金になるもの（益金算入）は、税金計算上プラス（加算）されます。

　一般的には、法人税法上は損金不算入として扱われるものが多くありますので、損金不算入項目としての加算が多く記載されます。

自社のチェッカーとしての視点

　あまり会社に大きな変化がない場合は、例年同じ加算項目が記載されるはずなので、前期や前々期に記載されている加算項目で当期に記載がないものがある場合は、記載忘れとなっていないか再確認をしましょう。

他社の申告書を見る時の視点

　修正申告があった場合は、確定申告書の別表 4 と修正申告書の別表 4 とを並べてどのような項目が追加となったのかを確認しましょう。

　修正内容によっては、会社の体質等に留意すべきです。例えば、役員の個人的な費用が否認されている場合などは経営者の資質を疑うことも必要です。

　なお、修正申告で追加となった項目については、追加項目の前後に（※）などのマークを付けて区分されているケースもありますので、マークがあるかどうかもチェックしてみてください。

別表4を見る時のチェックポイントはここ！

所得の金額の計算に関する明細書

事業年度	令和X1・4・1 令和X2・3・31	法人名	○○セミナー株式会社	別表四

			総額 ①	処分 留保 ②	社外流出 ③
当期利益又は当期欠損の額		1	200,000,000 円	160,000,000 円	配当 40,000,000 円 / その他
加算	損金経理をした法人税及び地方法人税（附帯税を除く。）	2	7,149,000	7,149,000	
	損金経理をした道府県民税及び市町村民税	3	1,239,300	1,239,300	
	損金経理をした納税充当金	4	20,000,000	20,000,000	
	損金経理をした附帯税（利子税を除く。）、加算金、延滞金（延納分を除く。）及び過怠税	5	400,000		その他 400,000
	減価償却の償却超過額	6	3,700,000	3,700,000	
	役員給与の損金不算入額	7			その他
	交際費等の損金不算入額	8	4,000,000		その他 4,000,000
	通算法人に係る加算額（別表四付表「5」）	9			外※
	次葉紙合計	10	68,930,000	68,930,000	
	小計	11	105,418,300	101,018,300	4,400,000
減算	減価償却超過額の当期認容額	12			
	納税充当金から支出した事業税等の金額	13	3,206,200	3,206,200	
	受取配当等の益金不算入額（別表八（一）「5」）	14	8,605,334		※ 8,605,334
	外国子会社から受ける剰余金の配当等の益金不算入額（別表八（二）「26」）	15			※
	受贈益の益金不算入額	16			※
	適格現物分配に係る益金不算入額	17			※
	法人税等の中間納付額及び過誤納に係る還付金額	18			
	所得税額等及び欠損金の繰戻しによる還付金額等	19			※
	通算法人に係る減算額（別表四付表「10」）	20			※
	賞与引当金当期認容	21	18,000,000	18,000,000	
	小計	22	29,811,534	21,206,200	外※ 8,605,334
仮計 (1)+(11)-(22)		23	275,606,766	239,812,100	外※ △8,605,334 / 44,400,000
対象純支払利子等の損金不算入額（別表十七（二の二）「29」又は「34」）		24			その他
超過利子額の損金算入額（別表十七（二の三）「10」）		25			※
仮計 ((23)から(25)までの計)		26	275,606,766	239,812,100	外※ △8,605,334 / 44,400,000
寄附金の損金不算入額（別表十四（二）「24」又は「40」）		27			その他
沖縄の認定法人又は国家戦略特別区域における指定法人の所得の特別控除額又は要加算調整額の益金算入額（別表十（一）「15」若しくは別表十（二）「10」又は別表十（一）「16」若しくは別表十（二）「11」）		28			※
法人税額から控除される所得税額（別表六（一）「6の③」）		29	15,315		その他 15,315
税額控除の対象となる外国法人税の額（別表六（二の二）「7」）		30			その他
分配時調整外国税相当額及び外国関係会社等に係る控除対象所得税額等相当額（別表六（五の二）「5の②」）＋（別表十七（三の六）「1」）		31			その他
組合等損失額の損金不算入額又は組合等損失超過合計額の損金算入額（別表九（二）「10」）		32			
対外船舶運航事業者の日本船舶による収入金額に係る所得の金額の損金算入額又は益金算入額（別表十（四）「20」、「21」又は「23」）		33			※
合計 (26)+(27)+(28)+(29)+(30)+(31)+(32)±(33)		34	275,622,081	239,812,100	外※ △8,605,334 / 44,415,315
契約者配当の益金算入額（別表九（一）「13」）		35			
特定目的会社等の支払配当又は特定目的信託に係る受託法人の利益の分配等の損金算入額（別表十（八）「13」、別表十（九）「11」又は別表十（十）「16」若しくは「33」）		36			
中間申告における繰戻しによる還付に係る災害損失欠損金額の益金算入額		37			※
非適格合併又は残余財産の全部分配等による移転資産等の譲渡利益額又は譲渡損失額		38			※
差引計 ((34)から(38)までの計)		39	275,622,081	239,812,100	外※ △8,605,334 / 44,415,315
更生欠損金又は民事再生等評価換えが行われる場合の再生等欠損金の損金算入額（別表七（三）「9」又は「21」）		40			※
通算対象欠損金額の損金算入額又は通算対象所得金額の益金算入額（別表七の二「5」又は「11」）		41			※
当初配賦欠損金控除額の益金算入額（別表七（二）付表一「23の計」）		42			※
差引計 (39)+(40)±(41)+(42)		43	275,622,081	239,812,100	外※ △8,605,334 / 44,415,315
欠損金等の当期控除額（別表七（一）「4の計」）＋（別表七（四）「10」）		44	△137,811,040		※ △137,811,040
総計 (43)+(44)		45	137,811,041	239,812,100	外※ △146,416,374 / 44,415,315
新鉱床探鉱費又は海外新鉱床探鉱費の特別控除額（別表十（三）「43」）		46			※
農業経営基盤強化準備金積立額の損金算入額（別表十二（十四）「10」）		47			
農用地等を取得した場合の圧縮額の損金算入額（別表十二（十四）「43の計」）		48			
関西国際空港用地整備準備金積立額、中部国際空港整備準備金積立額又は再投資等準備金積立額の損金算入額（別表十二（十一）「15」、別表十二（十二）「10」又は別表十二（十五）「12」）		49			
特定事業活動として特別新事業開拓事業者の株式の取得をした場合の特別勘定繰入額の損金算入額又は特別勘定取崩額の益金算入額（別表十（六）「21」－「11」）		50			※
残余財産の確定の日の属する事業年度に係る事業税及び特別法人事業税の損金算入額		51			
所得金額又は欠損金額		52	137,811,041	239,812,100	外※ △146,416,374 / 44,415,315

御注意 「52」の①額は、②欄の金額に③書の金額を加算し、これから「※」の金額を加減算した額と符合することになります。

—54—

5 減　　算

　会計上は費用にならないが、法人税法上は損金になるもの（損金算入）や、会計上は収益になるが、法人税法上は益金にならないもの（益金不算入）は、税金計算上マイナス（減算）されます。

　代表的な項目として**別表8(1)(Lesson 7)**で説明する受取配当等の益金不算入があります。

6 欠損金の控除

　過去発生した法人税法上の赤字である欠損金を当期の所得から控除する場合に記載されます。

　金額が入っているということは、過去の欠損金を今期の儲けに充てていることを意味します。

　欠損金が控除された後の金額が所得になりますので、当期の収益の実力を判断する場合は、欠損金を控除する前の所得金額で判断する方がより実態に近いでしょう。

　欠損金に関しては**別表7(1)（Lesson 6）**で詳しく解説します。

7 所得が別表1へつながる　　　　　　　　　　➡ ワーク1

所得金額が税金計算の基礎となります。

数字は別表1に転記されます。

他社の申告書を見る時の視点

　会計上の利益と法人税法上の所得との差異原因は、別表4に情報として詰まっています。

　申告調整の内容を把握することで税務申告の概要を把握するようにしましょう。

8 1ページ目に収まらない場合は次のページに　➡ ワーク2

　加算項目、減算項目が別表4の1枚目に収まらなかった場合、「次葉紙」に記載されます。

　別表4の1枚目の加算、減算の小計の上段に「次葉紙合計」欄の記載がある場合は、「別表4　次葉紙」に明細が記載されていますので、内容と金額をチェックしておきましょう。

＋スタディ　税引前当期利益と所得を比較してみる

　会計上の利益と法人税法上の所得の違いは、申告調整として別表4で表現されますので、詳細の内容は別表4を見ればわかります。

　わしづかみに利益と所得に違いがあるかどうかを見る場合は、税引前当期利益と所得金額との金額の差異を見ることをお勧めします。なぜ税引後の当期利益ではなく、税引前当期利益と比較するのかですが、決算書の税引前当期利益以降で差し引かれるのは法人税等です。法人税等に含まれる税金は基本的に損金に算入することはできないものです（事業税については損金算入できるものも含まれますが）。そのため、会計と税務で乖離があまりなければ、税引前当期利益と法人税申告書の所得金額は近しいものになります。

　両者に大きな差額があれば申告調整項目に金額の大きなものがないかどうかを別表4で詳細に見ることになります。時間がない時は、まずは税引前当期利益と所得金額を比較してみましょう。

▶ 税引前利益と比較してみよう

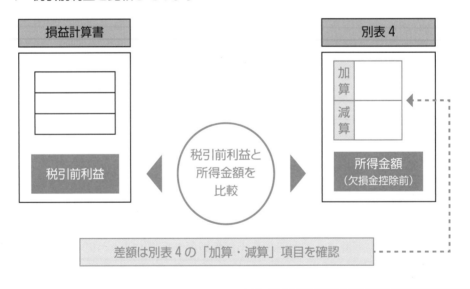

別表パッと見 瞬殺ワーク

申告書の実例を見て、パッと見で何に注意したらよいのかワークを行ってみましょう。

ワーク1 会計上の利益と法人税法上の所得の金額は違いがどれくらいあるだろうか

7

区　　分		総　額 ①	処　　分		
			留　保 ②	社　外　流　出 ③	
当 期 利 益 又 は 当 期 欠 損 の 額	1	200,000,000 円	160,000,000 円	配　　当	40,000,000 円
				その他	
所 得 金 額 又 は 欠 損 金 額	52	137,811,041	239,812,100	外※	△146,416,374 44,415,315

> 当期利益は200,000,000円で、所得金額は137,811,041円なのだな。
> 両者の違いは別表4をもう少し詳細に見て分析してみよう。

ワーク2 利益と所得の違いの内容と金額を分析してみよう

8

加算			総額①	留保②	社外流出	③
	損金経理をした法人税及び地方法人税(附帯税を除く。)	2	7,149,000	7,149,000		
	損金経理をした道府県民税及び市町村民税	3	1,239,300	1,239,300		
	損 金 経 理 を し た 納 税 充 当 金	4	20,000,000	20,000,000		
	損金経理をした附帯税(利子税を除く。)、加算金、延滞金(延納分を除く。)及び過怠税	5	400,000		その他	400,000
	減 価 償 却 の 償 却 超 過 額	6	3,700,000	3,700,000		
	役 員 給 与 の 損 金 不 算 入 額	7			その他	
	交 際 費 等 の 損 金 不 算 入 額	8	4,000,000		その他	4,000,000
	通 算 法 人 に 係 る 加 算 額 (別表四付表「5」)	9			外※	
	次 葉 紙 合 計	10	68,930,000	68,930,000		
	小 計	11	105,418,300	101,018,300	外※	4,400,000
減算	減 価 償 却 超 過 額 の 当 期 認 容 額	12				
	納 税 充 当 金 か ら 支 出 し た 事 業 税 等 の 金 額	13	3,206,200	3,206,200		
	受 取 配 当 等 の 益 金 不 算 入 額 (別表八(一)「5」)	14	8,605,334		※	8,605,334
	外国子会社から受ける剰余金の配当等の益金不算入額 (別表八(二)「26」)	15			※	
	受 贈 益 の 益 金 不 算 入 額	16			※	
	適 格 現 物 分 配 に 係 る 益 金 不 算 入 額	17			※	
	法 人 税 等 の 中 間 納 付 額 及 び 過 誤 納 に 係 る 還 付 金 額	18				
	所 得 税 額 等 及 び 欠 損 金 の 繰 戻 し に よ る 還 付 金 額 等	19			※	
	通 算 法 人 に 係 る 減 算 額 (別表四付表「10」)	20			※	
	賞 与 引 当 金 当 期 認 容	21	18,000,000	18,000,000		
	小 計	22	29,811,534	21,206,200	外※	8,605,334

| 欠 損 金 等 の 当 期 控 除 額 (別表七(一)「4の計」)+(別表七(四)「10」) | 44 | △137,811,040 | | ※ | △137,811,040 |

> 加算と減算の欄で確認ができそうだ。加算の方は次葉紙にも68,930,000円調整があるようなので、次葉紙についてもチェックが必要だな。
> それと欠損金の当期控除額137,811,040円も影響しているみたいだ。

別表4

別表4の次葉紙にある加算項目にも注目する

| | 所得の金額の計算に関する明細書(次葉紙) | 事業年度 | 令和X1・4・1 令和X2・3・31 | 法人名 | CSセミナー株式会社 | 別表四 次葉紙 |

区　　　分		総　　額	処　　　　分		
			留　　保	社　外　流　出	
		①	②	③	
加	貸倒引当金限度超過額	1	4,930,000 円	4,930,000 円	円
	損金算入する譲渡損益調整額	2	34,000,000	34,000,000	
	賞与引当金繰入限度超過額	3	30,000,000	30,000,000	
		4			
		5			
		6			
		7			
		8			
		9			
		10			
		11			
算		12			
		13			
	小　　　　計	20	68,930,000	68,930,000	

—58—

Part 3 この別表を見たらわかること

Lesson 4 別表5(1)
―税務の純資産の状況―

利益積立金額及び資本金等の額の計算に関する明細書		事業年度	令和X1・4・1 令和X2・3・31	法人名	CSセミナー株式会社		別表五(一)

I 利益積立金額の計算に関する明細書

区　分		期首現在利益積立金額 ①	当期の増減 減 ②	当期の増減 増 ③	差引翌期首現在利益積立金額 ①−②+③ ④
利　益　準　備　金	1	50,000,000 円	円	円	50,000,000 円
積　立　金	2				
貸　倒　引　当　金	3			4,930,000	4,930,000
減　価　償　却　超　過　額	4			3,700,000	3,700,000
譲　渡　損　益　調　整　勘　定	5			34,000,000	34,000,000
過　納　市　民　税	6			22,800	22,800
賞　与　引　当　金	7	18,000,000	18,000,000	30,000,000	30,000,000
	8				
	9				
	10				
	11				
	12				
	13				
	14				
	15				
	16				
	17				
	18				
	19				
	20				
	21				
	22				
	23				
	24				
繰　越　損　益　金（損　は　赤）	25	1,500,000,000	1,500,000,000	1,660,000,000	1,660,000,000
納　税　充　当　金	26	14,965,400	14,965,400	20,000,000	20,000,000
未納法人税等	未納法人税及び未納地方法人税（附帯税を除く。） 27	△9,722,500	△16,871,500	中間 △7,149,000 確定 △28,100,900	△28,100,900
	未払通算税効果額（附帯税の額に係る部分の金額を除く。） 28			中間 確定	
	未納道府県民税（均等割額を含む。） 29	△1,416,400	△2,138,500	中間 △722,100 確定 △2,414,200	△2,414,200
	未納市町村民税（均等割額を含む。） 30	△620,300	△1,137,500	中間 △517,200 確定 0	0
差　引　合　計　額	31	1,571,206,200	1,512,817,900	1,713,749,400	1,772,137,700

II 資本金等の額の計算に関する明細書

区　分		期首現在資本金等の額 ①	当期の増減 減 ②	当期の増減 増 ③	差引翌期首現在資本金等の額 ①−②+③ ④
資　本　金　又　は　出　資　金	32	200,000,000 円	円	円	200,000,000 円
資　本　準　備　金	33				
	34				
	35				
差　引　合　計　額	36	200,000,000			200,000,000

POINT

✓ 法人税法上の純資産がわかる！

✓ 利益積立金と利益剰余金の違いに注目！

ここだけ理解　別表5(1)

◆ 利益積立金は別表4の「留保」項目がつながってくる

別表5(1)は、上段と下段にそれぞれ以下の明細書があります。

　　上段：「Ⅰ　利益積立金額の計算に関する明細書」
　　下段：「Ⅱ　資本金等の額の計算に関する明細書」

　上段の「Ⅰ　利益積立金額の計算に関する明細書」は、期首の利益積立金をスタートに期中の利益積立金の異動を記録して、その結果の期末の利益積立金を明らかにする別表です。

　期中の利益積立金は、**別表4（Lesson 3）**で所得金額を「留保」と「社外流出」に区分すると説明しましたが、そのうちの「留保」になる分、つまり、翌期以降の所得金額の計算に影響を与える項目の合計額から法人税および住民税として納税する分を差し引いたものをいいます。

▶ 別表5(1)上段で利益積立金の変動を記録

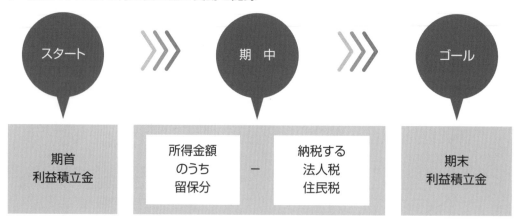

◆ 利益積立金は、おおむね次の通り計算される

決算上の利益剰余金　＋　申告調整の留保項目　−　未払法人税・未払住民税

　税務上の内部留保を表しますので、金額が大きいほど過去からの累積利益が大きいことを意味します。

◆ 法人税法上の純資産合計が別表5⑴で計算できる

　下段の「Ⅱ　資本金等の額の計算に関する明細書」は、期首の資本金等をスタートに期中の資本金等の異動を記録して、その結果の期末の資本金等を明らかにする別表です。

　資本金等は、会計上の資本金や資本剰余金額とおおむね同義の内容ですが、一部法人税法上特有の論点があって、会計の資本金＋資本剰余金と同額でないケースもあります。

　別表5⑴に記載されている上段の利益積立金と下段の資本金等の合計は、何を意味するのでしょう。両者の合計は、法人税法上の純資産を意味します。

　"純資産"と会計で言えば、貸借対照表の純資産の部の合計が該当しますので、そこをチェックしますが、法人税法上の純資産額をチェックする際は、別表5⑴の「Ⅰ　利益積立金額の計算に関する明細書」の合計と「Ⅱ　資本金等の額の計算に関する明細書」の合計でチェックをします。

▶ **会計と税務で純資産の金額は見るべき書類が違う**

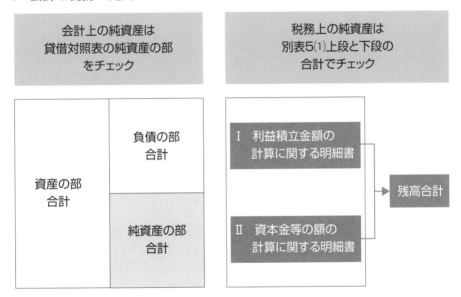

別表5⑴を見る時のチェックポイントはここ！

利益積立金額及び資本金等の額の計算に関する明細書

事　業年　度	令和X1・4・1 令和X2・3・31	法人名	CSセミナー株式会社	別表五（一）

I　利益積立金額の計算に関する明細書

区　　分		期首現在利益積立金額①	当期の増減		差引翌期首現在利益積立金額①－②＋③④
			減②	増③	
利　益　準　備　金	1	50,000,000 円	円	円	50,000,000 円
積　立　金	2				
貸　倒　引　当　金	3			4,930,000	4,930,000
減　価　償　却　超　過　額	4			3,700,000	3,700,000
譲　渡　損　益　調　整　勘　定	5			34,000,000	34,000,000
過　納　市　民　税	6			22,800	22,800
賞　与　引　当　金	7	18,000,000	18,000,000	30,000,000	30,000,000
	8				
	9				
	10				
	11				
	12				
	13				
	14				
	15				
	16				
	17				
	18				
	19				
	20				
	21				
	22				
	23				
	24				
繰　越　損　益　金（損は赤）	25	1,500,000,000	1,500,000,000	1,660,000,000	1,660,000,000
納　税　充　当　金	26	14,965,400	14,965,400	20,000,000	20,000,000
未納法人税等 未納法人税及び未納地方法人税（附帯税を除く。）	27	△9,722,500	△16,871,500	中間 △7,149,000 確定 △28,100,900	△28,100,900
未払通算税効果額（附帯税の額に係る部分の金額を除く。）	28			中間 確定	
未納道府県民税（均等割額を含む。）	29	△1,416,400	△2,138,500	中間 △722,100 確定 △2,414,200	△2,414,200
未納市町村民税（均等割額を含む。）	30	△620,300	△1,137,500	中間 △517,200 確定 0	0
差　引　合　計　額	31	1,571,206,200	1,512,817,900	1,713,749,400	1,772,137,700

II　資本金等の額の計算に関する明細書

区　　分		期首現在資本金等の額①	当期の増減		差引翌期首現在資本金等の額①－②＋③④
			減②	増③	
資　本　金　又　は　出　資　金	32	200,000,000 円		円	200,000,000 円
資　本　準　備　金	33				
	34				
	35				
差　引　合　計　額	36	200,000,000			200,000,000

別表5⑴

1 数値は繋がっているか → ワーク1

　前期の別表5(1)の④の「差引翌期首現在利益積立金額」と金額が一致しているか確認します。

　金額が一致しない場合には、以下のような事象が考えられます。

　　　・前期に誤った処理をしてしまって、期首に調整した

　　　・税務調査等が行われて、修正申告書を提出した

　　　・合併等があって期首の金額に加算した

　一致していない場合は、不一致の原因を確認します。

　特に2番目の可能性については、確定申告書の他に修正申告書を入手できていれば、修正申告書の別表5(1)の④の「差引翌期首現在利益積立金額」と、翌期の確定申告書の別表5(1)の①の「期首現在利益積立金額」とは一致しますが、修正申告書を入手できていない場合は、連続性が途切れてしまって金額が一致しないことになります。

☑ ここだけはチェック！

　前期の申告書と金額がつながっていなかったら、原因を探る必要があるということですね。

2 期中の利益積立金の異動

　別表4で留保となった当期利益、加算項目、減算項目が「当期の増減」の「増」あるいは「減」に転記されてきます。別表4で社外流出となった項目は、別表5(1)には転記されてきません。

☑ ここだけはチェック！

　「留保」は別表5(1)に影響するけど、「社外流出」は翌期に影響しないで完結するから、別表5(1)にはつながってこないということでしたね。

利益積立金額及び資本金等の額の計算に関する明細書

| 事業年度 | 令和X1・4・1 / 令和X2・3・31 | 法人名 | ＣＳセミナー株式会社 |

別表五(一)

I　利益積立金額の計算に関する明細書

区　　分		期首現在利益積立金額 ①	当期の増減 減 ②	当期の増減 増 ③	差引翌期首現在利益積立金額 ①－②＋③ ④
利　益　準　備　金	1	50,000,000 円	円	円	50,000,000 円
積　立　金	2				
貸　倒　引　当　金	3			4,930,000	4,930,000
減　価　償　却　超　過　額	4			3,700,000	3,700,000
譲　渡　損　益　調　整　勘　定	5			34,000,000	34,000,000
過　納　市　民　税	6			22,800	22,800
賞　与　引　当　金	7	18,000,000	18,000,000	30,000,000	30,000,000
	8				
	9				
	10				
	11				
	12				
	13				
	14				
	15				
	16				
	17				
	18				
	19				
	20				
	21				
	22				
	23				
	24				
繰　越　損　益　金（損　は　赤）	25	1,500,000,000	1,500,000,000	1,660,000,000	1,660,000,000
納　税　充　当　金	26	14,965,400	14,965,400	20,000,000	20,000,000
未納法人税等 未納法人税及び未納地方法人税（附帯税を除く。）	27	△9,722,500	△16,871,500	中間 △7,149,000 / 確定 △28,100,900	△28,100,900
未払通算税効果額（附帯税の額に係る部分の金額を除く。）	28			中間 / 確定	
未納道府県民税（均等割額を含む。）	29	△1,416,400	△2,138,500	中間 △722,100 / 確定 △2,414,200	△2,414,200
未納市町村民税（均等割額を含む。）	30	△620,300	△1,137,500	中間 △517,200 / 確定 0	0
差　引　合　計　額	31	1,571,206,200	1,512,817,900	1,713,749,400	1,772,137,700

II　資本金等の額の計算に関する明細書

区　　分		期首現在資本金等の額 ①	当期の増減 減 ②	当期の増減 増 ③	差引翌期首現在資本金等の額 ①－②＋③ ④
資　本　金　又　は　出　資　金	32	200,000,000 円		円	200,000,000 円
資　本　準　備　金	33				
	34				
	35				
差　引　合　計　額	36	200,000,000			200,000,000

別表5(1)

3 貸借対照表の金額と一致する項目

　会計上の内部留保である利益準備金、別途積立金、繰越利益剰余金の項目は別表5(1)の④の「差引翌期首現在利益積立金額」と貸借対照表の各項目の金額は一致します。

　また、納税充当金も貸借対照表の未払法人税等の金額と一致します。

4 期末時点での未納税金はいくらか

　当期末の時点で未納となっている、法人税、住民税（道府県民税と市町村民税）が記載されます。

　ここで記載されてくる未納の税金の金額は、**別表5(2)（Lesson 5）** の各税目の期末現在未納税額と一致します。

5 会計と異なる部分が確認できる

　会計上の簿価と法人税法上の簿価とが異なる場合に計上されます。

　記載例では、賞与引当金が記載されています。

　会計上は賞与引当金を計上しますが、法人税法上は賞与引当金の繰入れが損金として認められず、会計と税務で簿価が異なることになってしまいます。そこで、申告調整をした分が、記載されます。

　賞与引当金に相当する分だけ、会計上は負債として計上されて純資産が減額されていますが、法人税法上は負債と認められないので、その分だけ法人税法上の純資産は増加することになります。

　このように、留保項目として別表4から転記されてきた項目は、会計上の簿価と法人税法上の簿価とが異なっています。逆に言えば、会計と税務の簿価が違う項目は別表5(1)を見ればわかるのです。

利益積立金額及び資本金等の額の計算に関する明細書

| 事 業 年 度 | 令和X1・4・1 令和X2・3・31 | 法人名 | CSセミナー株式会社 |

別表五(一)

I　利益積立金額の計算に関する明細書

②

区　　分		期首現在 利益積立金額 ①	当期の増減 減 ②	当期の増減 増 ③	差引翌期首現在 利益積立金額 ①－②＋③ ④
利　益　準　備　金	1	50,000,000 円	円	円	50,000,000 円
積　立　金	2				
貸　倒　引　当　金	3			4,930,000	4,930,000
減 価 償 却 超 過 額	4			3,700,000	3,700,000
譲 渡 損 益 調 整 勘 定	5			34,000,000	34,000,000
過 納 市 民 税	6			22,800	22,800
賞　与　引　当　金	7	18,000,000	18,000,000	30,000,000	30,000,000
	8				
	9				
	10				
	11				
	12				
	13				
	14				
	15				
	16				
	17				
	18				
	19				
	20				
	21				
	22				
	23				
	24				
繰 越 損 益 金 (損 は 赤)	25	1,500,000,000	1,500,000,000	1,660,000,000	1,660,000,000
納　税　充　当　金	26	14,965,400	14,965,400	20,000,000	20,000,000
未納法人税等 未 納 法 人 税 及 び 未 納 地 方 法 人 税 （附帯税を除く。）	27	△9,722,500	△16,871,500	中間 △7,149,000 確定 △28,100,900	△28,100,900
未 払 通 算 税 効 果 額 （附帯税の額に係る部分の金額を除く。）	28			中間 確定	
未 納 道 府 県 民 税 （均等割額を含む。）	29	△1,416,400	△2,138,500	中間 △722,100 確定 △2,414,200	△2,414,200
未 納 市 町 村 民 税 （均等割額を含む。）	30	△620,300	△1,137,500	中間 △517,200 確定 0	0
差　引　合　計　額	31	1,571,206,200	1,512,817,900	1,713,749,400	1,772,137,700

II　資本金等の額の計算に関する明細書

区　　分		期首現在 資本金等の額 ①	当期の増減 減 ②	当期の増減 増 ③	差引翌期首現在 資本金等の額 ①－②＋③ ④
資 本 金 又 は 出 資 金	32	200,000,000 円		円	200,000,000 円
資　本　準　備　金	33				
	34				
	35				
差　引　合　計　額	36	200,000,000			200,000,000

6 法人税法上の純資産 → ワーク2

「I　利益積立金額の計算に関する明細書」と「II　資本金等の額の計算に関する明細書」の合計は、法人税法上の純資産です。

他社の申告書を見る時の視点

「I　利益積立金額の計算に関する明細書」の差引翌期首現在利益積立金額の差引合計額と、貸借対照表の利益剰余金とを比較しましょう。金額の違いが大きい場合、その主な原因は別表5(1)の会計と税務で金額が異なる期末利益積立金の各項目です。

「II　資本金等の額の計算に関する明細書」の差引翌期首現在資本金等の額の差引合計額と、貸借対照表の資本金、資本剰余金の合計とを比較しましょう。

両者の内訳と金額の違いは、別表5(1)の中に詰まっているのです。

別表パッと見 瞬殺ワーク

申告書の実例を見て、パッと見で何に注意したらよいのかワークを行ってみましょう。

ワーク1 別表5⑴が前期からつながっているか確認しておこう

1

区　　　　分		期　首　現　在 利　益　積　立　金　額 ①
〰〰〰〰〰〰〰〰〰		〰〰〰〰〰〰〰〰〰
差　引　合　計　額	31	1,571,206,200

【前期申告書】

区　　　　分		差引翌期首現在 利　益　積　立　金　額 ①－②＋③ ④
〰〰〰〰〰〰〰〰〰		〰〰〰〰〰〰〰〰〰
差　引　合　計　額	31	1,571,206,200

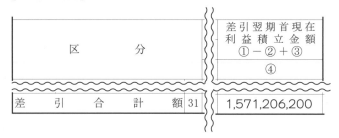

　当期の申告書の期首の数値1,571,206,200円と前期の申告書の「差引期首現在利益積立金額④」の差引合計額が一致しているかを確認しよう。

　一致していない場合は、原因を究明する必要があるのね。

6

Ⅰ　利益積立金額の計算に関する明細書

区　　　　　分	期首現在利益積立金額 ①	当　期　の　増　減		差引翌期首現在利益積立金額 ①－②＋③ ④
		減 ②	増 ③	
差　引　合　計　額 31	1,571,206,200	1,512,817,900	1,713,749,400	1,772,137,700

Ⅱ　資本金等の額の計算に関する明細書

区　　　　　分	期首現在資本金等の額 ①	当　期　の　増　減		差引翌期首現在資本金等の額 ①－②＋③ ④
		減 ②	増 ③	
資　本　金　又　は　出　資　金 32	200,000,000 円	円	円	200,000,000 円
資　本　準　備　金 33				
34				
35				
差　引　合　計　額 36	200,000,000			200,000,000

別表5(1)

B／S

資産の部 合計	負債の部 合計
	純資産の部 合計

会計上の 純資産

合計が法人税法上の 純資産

税務と会計の 純資産を比較

　貸借対照表の純資産と別表5(1)の利益積立金と資本金等の合計金額（法人税法上の純資産）とを比較してみよう。
　差額の内容は別表5(1)の内訳ということね。

Lesson 5　別表5(2)
―税金の支払い状況―

租税公課の納付状況等に関する明細書

| 事業年度 | 令和X1・4・1 令和X2・3・31 | 法人名 | CSセミナー株式会社 | 別表五(二) |

税目及び事業年度		期首現在未納税額①	当期発生税額②	当期中の納付税額			期末現在未納税額⑥ (①+②-③-④-⑤)
				充当金取崩しによる納付③	仮払経理による納付④	損金経理による納付⑤	
法人税及び地方法人税	1　： ：	円		円	円	円	円
	2　XX・4・1 XX・3・31	9,722,500		9,722,500			0
	当期分 3 中間		7,149,000円			7,149,000	0
	当期分 4 確定		28,100,900				28,100,900
	5 計	9,722,500	35,249,900	9,722,500		7,149,000	28,100,900
道府県民税	6　： ：						
	7　XX・4・1 XX・3・31	1,416,400		1,416,400			0
	当期分 8 中間		722,100			722,100	0
	当期分 9 確定		2,414,200				2,414,200
	10 計	1,416,400	3,136,300	1,416,400		722,100	2,414,200
市町村民税	11　： ：						
	12　XX・4・1 XX・3・31	620,300		620,300			0
	当期分 13 中間		517,200			517,200	0
	当期分 14 確定		△22,800				△22,800
	15 計	620,300	494,400	620,300		517,200	△22,800
事業税及び特別法人事業税	16　： ：						
	17　XX・4・1 XX・3・31		3,206,200	3,206,200			0
	18 当期中間分		1,129,000			1,129,000	
	19 計		4,335,200	3,206,200		1,129,000	
その他 損金算入のもの	20 利子税						
	21 延滞金(延納に係るもの)						
	22 固定資産税		650,000			650,000	0
	23 控除対象外消費税		20,000			20,000	0
損金不算入のもの	24 加算税及び加算金		300,000			300,000	0
	25 延滞税		100,000			100,000	0
	26 延滞金(延納分を除く)						
	27 過怠税						
	28 源泉所得税		15,315			15,315	0
	29						

納税充当金の計算

期首納税充当金	30	14,965,400円	取崩額 その他	損金算入のもの	36	円
繰入額	損金経理をした納税充当金 31	20,000,000		損金不算入のもの	37	
	32				38	
	計 (31)+(32) 33	20,000,000		仮払税金消却	39	
取崩額	法人税額等 34 (5の③)+(10の③)+(15の③)	11,759,200		計 (34)+(35)+(36)+(37)+(38)+(39)	40	14,965,400
	事業税及び特別法人事業税 35 (19の③)	3,206,200	期末納税充当金 (30)+(33)-(40)		41	20,000,000

通算法人の通算税効果額の発生状況等の明細

事業年度		期首現在未決済額①	当期発生額②	当期中の決済額		期末現在未決済額⑤
				支払額③	受取額④	
： ：	42	円		円	円	円
： ：	43					
当期分	44		中間 円 確定			
計	45					

POINT

✓ 未納の税金が無いかがわかる！

✓ 延滞税などのペナルティが発生していないかどうかがわかる！

ここだけ理解　別表5⑵

◆ 経理処理を忠実に「当期中の納付税額」に反映させる

　別表5⑵では、法人税、住民税、事業税の納付状況や経理処理が明らかにされます。税金は損金になるものとならないものがあり、経理処理によって申告調整が異なってきますので、どのように経理処理がされているかを明らかにする必要があります。

　また、納付状況がわかるので、未納の税金がどの程度残っているのかがわかります。

　別表5⑵に「当期中の納付税額」という欄がありますが、ここには、前期の税金の納付時、当期の中間納付時等に、いくらの税金を納付（還付のこともあります。）して、その際にどのような経理処理を行ったかを忠実に反映させます。

　なぜ、このように申告書に納付時の経理処理を記載するのかというと、税金は損金にならないものも多くあり、経理処理の方法が、申告調整に影響をするからです。

　ただ、このような納付状況を記載する別表があることによって、納付額はもちろんのこと、未納となっている税金の額なども申告書から読み取ることができます。

◆「損金不算入のもの」の納付とその経理処理の状況

　税金には、本税のほかに、延滞税や加算税といったペナルティとして納めるべき税金もあります。このようなペナルティとして課された税金は、損金不算入となりますが、別表5⑵でペナルティとして納付した加算税や延滞税等がいくら発生してどのような経理処理となっているかを明らかにしています。

　ペナルティがどの程度発生し、なぜ発生したのかを確認することで、社内の経理体制や経営体制で改善すべきことが見えてくるでしょう。

＋プラス スタディ　　いろいろあるペナルティの税金

ペナルティとして課される税金には次のようなものがあります。

■ 延滞税

期限までに完納されない場合に、法定納期限の翌日から完納される日までの日数に応じて課されるもので、利息に相当する税金

■ 過少申告加算税

申告期限内に提出された申告書に記載された納税額が本来納めるべき税金よりも過少であった場合に課される税金

■ 無申告加算税

申告書を申告期限までに提出しなかった場合に課される税金

■ 不納付加算税

源泉所得税を法定納期限までに納付しなかった場合に課される税金

■ 重加算税

事実の全部または一部を仮装・隠ぺいし、申告しなかった場合や過少申告を行った場合に課される税金

ペナルティとして支払った税金の状況が別表5⑵を見たらわかるなんて便利ね。
多額に発生していたら問題がありそうだからチェックしないと。

租税公課の納付状況等に関する明細書

事業年度	令和X1・4・1 令和X2・3・31	法人名	CSセミナー株式会社

別表五(二)

税目及び事業年度	期首現在未納税額①	当期発生税額②	当期中の納付税額 充当金取崩しによる納付③	仮払経理による納付④	損金経理による納付⑤	期末現在未納税額 ①+②-③-④-⑤ ⑥
法人税及び地方法人税 ・ ・ 1	円		円	円	円	円
XX・4・1 XX・3・31 2	9,722,500		9,722,500			0
当期分 中間 3		7,149,000円			7,149,000	0
当期分 確定 4		28,100,900				28,100,900
計 5	9,722,500	35,249,900	9,722,500		7,149,000	28,100,900
道府県民税 ・ ・ 6						
XX・4・1 XX・3・31 7	1,416,400		1,416,400			0
当期分 中間 8		722,100			722,100	0
当期分 確定 9		2,414,200				2,414,200
計 10	1,416,400	3,136,300	1,416,400		722,100	2,414,200
市町村民税 ・ ・ 11						
XX・4・1 XX・3・31 12	620,300		620,300			0
当期分 中間 13		517,200			517,200	0
当期分 確定 14		△22,800				△22,800
計 15	620,300	494,400	620,300		517,200	△22,800
事業税及び特別法人事業税 ・ ・ 16						
XX・4・1 XX・3・31 17		3,206,200	3,206,200			0
当期中間分 18		1,129,000			1,129,000	0
計 19		4,335,200	3,206,200		1,129,000	0
その他 損金算入のもの 利子税 20						
延滞金(延納に係るもの) 21						
固定資産税 22		650,000			650,000	
控除対象外消費税 23		20,000			20,000	
損金不算入のもの 加算税及び加算金 24		300,000			300,000	
延滞税 25		100,000			100,000	
延滞金(延納分を除く。) 26						
過怠税 27						
源泉所得税 28		15,315			15,315	0
29						

納税充当金の計算

繰入額	期首納税充当金 30	14,965,400円	取崩額 その他	損金算入のもの 36		円
	損金経理をした納税充当金 31	20,000,000		損金不算入のもの 37		
	32			38		
	計 (31)+(32) 33	20,000,000		仮払税金消却 39		
取崩額	法人税額等 (5の③)+(10の③)+(15の③) 34	11,759,200		計 (34)+(35)+(36)+(37)+(38)+(39) 40		14,965,400
	事業税及び特別法人事業税 (19の③) 35	3,206,200		期末納税充当金 (30)+(33)-(40) 41		20,000,000

通算法人の通算税効果額の発生状況等の明細

事業年度	期首現在未決済額①	当期発生額②	当期中の決済額 支払額③	受取額④	期末現在未決済額⑤
・ ・ 42	円		円	円	円
・ ・ 43					
当期分 44		中間 円 確定			
計 45					

1 　前期の未納税金

前期以前の税金に関して、期首時点で未納となっている税金の額が記載されます。

2 　当期中に納付した税金の経理処理状況

当期中に納付した税金を次の３通りの会計処理別に区分します。
・未払税金を取り崩す処理
・すでに納付した税金の還付分を未収入金や仮払金に計上する処理
・租税公課や法人税等として損益計算書に計上する処理

　経理処理によって申告調整額が異なってくるので、経理処理の状況を区分して記載することになっています。

別表5⑵

3 　期末時点での未納税金　　　　　　　　　　　　➡ ワーク1

期末時点で未納となっている税金の金額が記載されます。

🔍 他社の申告書を見る時の視点

　通常は、前期分や中間納税分は未納として残っておらず、確定分だけが未納として残っています。前期分や中間分が未納となっている場合は、滞納の可能性を含めて原因を確認する必要があります。資金繰りに窮して未納の税金がたまってきているようであれば、かなり財務的に厳しいことが予想されます。

　ただし、期中に税務調査があり、前期以前の申告に関して修正申告書を提出して期末までに納税が完了していない場合は、前期以前の税金が未納となるケースがありますので、未納となっている原因を確認しましょう。

4 　未納事業税は他とは扱いが違う

事業税は申告書を提出した事業年度の損金となります。

　申告書の未納欄に事業税の確定分の未納額は記載されませんので、未納額を確認する場合は、地方税の申告書で確認します。

別表5⑵を見る時のチェックポイントはここ！

租税公課の納付状況等に関する明細書

| 事業年度 | 令和X1・4・1 令和X2・3・31 | 法人名 | CSセミナー株式会社 | 別表五(二) |

3

税目及び事業年度			期首現在未納税額 ①	当期発生税額 ②	当期中の納付税額			期末現在未納税額 ①+②-③-④-⑤ ⑥
					充当金取崩しによる納付 ③	仮払経理による納付 ④	損金経理による納付 ⑤	

1 **2**

税目及び事業年度			①	②	③	④	⑤	⑥
法人税及び地方法人税		1	円		円	円	円	円
	XX・4・1 XX・3・31	2	9,722,500		9,722,500			0
当期分	中間	3		7,149,000円			7,149,000	0
	確定	4		28,100,900				28,100,900
	計	5	9,722,500	35,249,900	9,722,500		7,149,000	28,100,900
道府県民税		6						
	XX・4・1 XX・3・31	7	1,416,400		1,416,400			0
当期分	中間	8		722,100			722,100	0
	確定	9		2,414,200				2,414,200
	計	10	1,416,400	3,136,300	1,416,400		722,100	2,414,200
市町村民税		11						
	XX・4・1 XX・3・31	12	620,300		620,300			0
当期分	中間	13		517,200			517,200	0
	確定	14		△22,800				△22,800
	計	15	620,300	494,400	620,300		517,200	△22,800
事業税及び特別法人事業税		16						
	XX・4・1 XX・3・31	17		3,206,200	3,206,200			0
当期中間分		18		1,129,000			1,129,000	0
	計	19		4,335,200	3,206,200		1,129,000	0

4

その他	損金算入のもの	利子税	20						
		延滞金(延納に係るもの)	21						
		固定資産税	22		650,000			650,000	0
		控除対象外消費税	23		20,000			20,000	0
	損金不算入のもの	加算税及び加算金	24		300,000			300,000	0
		延滞税	25		100,000			100,000	0
		延滞金(延納分を除く。)	26						
		過怠税	27						
		源泉所得税	28		15,315			15,315	0
			29						

5 **6**

納税充当金の計算

期首納税充当金		30	14,965,400 円		その他	損金算入のもの	36	円
繰入額	損金経理をした納税充当金	31	20,000,000			損金不算入のもの	37	
		32					38	
	計 (31)+(32)	33	20,000,000			仮払税金消却	39	
取崩額	法人税額等 (5の③)+(10の③)+(15の③)	34	11,759,200			計 (34)+(35)+(36)+(37)+(38)+(39)	40	14,965,400
	事業税及び特別法人事業税 (19の③)	35	3,206,200			期末納税充当金 (30)+(33)-(40)	41	20,000,000

7 **8**

通算法人の通算税効果額の発生状況等の明細

事業年度		期首現在未決済額 ①	当期発生額 ②	当期中の決済額		期末現在未決済額 ⑤
				支払額 ③	受取額 ④	
・・	42	円		円	円	円
・・	43					
当期分	44		中間 円			
			確定			
計	45					

9

—76—

5 損金算入

法人税、住民税、事業税以外の税金で損金となるものが記載されます。

印紙税や固定資産税は損金算入可能な税金です。

6 損金不算入　　　　　　　　　　　　　　　→ ワーク2

法人税、住民税、事業税以外の税金で損金とならないものが記載されます。

加算税や延滞税といったペナルティの要素がある税金は損金に算入できません。

🔍 他社の申告書を見る時の視点

損金不算入となる加算税や延滞税が多額に発生している場合、修正申告等でかなりの税金を追徴されていることが予想されます。

▶ 税金のうち損金になるもの・ならないもの

損金になる税金	損金にならない税金
・事業税 ・事業所税 ・固定資産税 ・不動産取得税 ・自動車税 ・印紙税 　　　　　　　…など	・法人税の本税 ・法人住民税の本税 ・国税・地方税にかかる延滞税、 　過小申告加算税、 　無申告加算税、重加算税、 　不納付加算税 ・法人が納付する罰金、交通反則金 　　　　　　　　　　　…など

7 貸借対照表の未払法人税等の動き

貸借対照表の未払法人税等の増減を要約したものです。

未払法人税等の総勘定元帳をサマリーしたものに該当しますので、期首納税充当金は貸借対照表の未払法人税等の期首残高と一致します。同様に期末納税充当金は貸借対照表の未払法人税等の期末残高と一致します。

繰入れと取崩しは、未払法人税等の期中の増減を忠実に反映します。

租税公課の納付状況等に関する明細書

| 事業年度 | 令和X1・4・1 令和X2・3・31 | 法人名 | ＣＳセミナー株式会社 | | 別表五(二) |

別表5(2)（左余白）

税 目 及 び 事 業 年 度			期首現在未納税額 ①	当期発生税額 ②	当期中の納付税額 充当金取崩しによる納付 ③	仮払経理による納付 ④	損金経理による納付 ⑤	期末現在未納税額 ①＋②－③－④－⑤ ⑥
法人税及び地方法人税		: ・ :	1	円			円	円	円
		XX・4・1 XX・3・31	2	9,722,500		9,722,500			0
	当期分	中 間	3		7,149,000円			7,149,000	0
		確 定	4		28,100,900				28,100,900
		計	5	9,722,500	35,249,900	9,722,500		7,149,000	28,100,900
道府県民税		: ・ :	6						
		XX・4・1 XX・3・31	7	1,416,400		1,416,400			0
	当期分	中 間	8		722,100			722,100	0
		確 定	9		2,414,200				2,414,200
		計	10	1,416,400	3,136,300	1,416,400		722,100	2,414,200
市町村民税		: ・ :	11						
		XX・4・1 XX・3・31	12	620,300		620,300			0
	当期分	中 間	13		517,200			517,200	0
		確 定	14		△22,800				△22,800
		計	15	620,300	494,400	620,300		517,200	△22,800
事業税及び特別法人事業税		: ・ :	16						
		XX・4・1 XX・3・31	17		3,206,200	3,206,200			0
	当期中間分		18		1,129,000			1,129,000	0
		計	19		4,335,200	3,206,200		1,129,000	0
その他	損金算入のもの	利 子 税	20						
		延滞金（延納に係るもの）	21						
		固 定 資 産 税	22		650,000			650,000	0
		控除対象外消費税	23		20,000			20,000	0
	損金不算入のもの	加算税及び加算金	24		300,000			300,000	0
		延 滞 税	25		100,000			100,000	0
		延滞金（延納分を除く。）	26						
		過 怠 税	27						
		源 泉 所 得 税	28		15,315			15,315	0
			29						

納 税 充 当 金 の 計 算							
期 首 納 税 充 当 金	30	14,965,400 円		その他取崩額	損 金 算 入 の も の	36	円
繰入額	損金経理をした納税充当金	31	20,000,000			損 金 不 算 入 の も の	37
		32					38
	計 (31)＋(32)	33	20,000,000			仮 払 税 金 消 却	39
取崩額	法 人 税 額 等 (5の③)＋(10の③)＋(15の③)	34	11,759,200			計 (34)＋(35)＋(36)＋(37)＋(38)＋(39)	40	14,965,400
	事業税及び特別法人事業税 (19の③)	35	3,206,200		期 末 納 税 充 当 金 (30)＋(33)－(40)		41	20,000,000

通算法人の通算税効果額の発生状況等の明細						
事 業 年 度		期首現在未決済額 ①	当期発生額 ②	当期中の決済額 支 払 額 ③	受 取 額 ④	期末現在未決済額 ⑤
	42	円			円	円	円
	43						
当 期 分	44		中間 円				
			確定				
計	45						

8 実際の未納税金と近似値かどうか

→ ワーク3

貸借対照表の未払法人税等の残高と一致します。

ただし、未払法人税等の金額は、あくまでも会社が未払に会計上計上した金額なので、実際の未納の税金とは一致しないこともあります。

実際の未納税金の金額は、別表5(2)の法人税から事業税までの期末未納税額の合計と、事業税の当期末の確定決算時に発生した税額の合計となります。税務ソフトによっては、事業税を含めた当期分の納税一覧表が出力可能です。

会計上の未払法人税等と実際の未納税額とを比較して差額が大きい場合は、原因を確認しましょう。

▶ 会計の未払法人税等と未納税額を比較

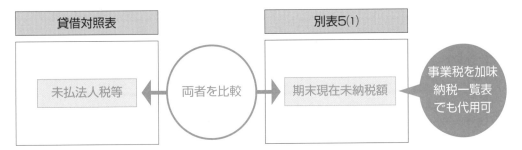

貸借対照表	別表5(1)
未払法人税等 ← 両者を比較 → 期末現在未納税額	事業税を加味 納税一覧表 でも代用可

🔍 他社の申告書を見る時の視点

　仮に、貸借対照表の未払法人税等の残高が別表5(2)を基礎とした未納税額よりも少ない場合、会計上十分な未払法人税等を計上していないということになりますので、その分だけ会計上利益が多く計上されていることになります。

　当期利益を多く見せるために未払法人税等を十分に計上していないのであれば粉飾決算をしていることになりますので、両社の差額が大きい場合は、特に注意が必要です。

☑ ここだけはチェック！

　未払法人税等の金額を調整して利益を増減させている可能性も疑わないといけないな。

　そのためにも本来の未納税額を納税一覧表で確認しないと。

租税公課の納付状況等に関する明細書

| 事業年度 | 令和X1・4・1 令和X2・3・31 | 法人名 | CSセミナー株式会社 | 別表五(二) |

1 **2** **3**

税目及び事業年度		期首現在未納税額 ①	当期発生税額 ②	当期中の納付税額 充当金取崩しによる納付 ③	仮払経理による納付 ④	損金経理による納付 ⑤	期末現在未納税額 ①+②-③-④-⑤ ⑥
法人税及び地方法人税	1	円		円	円	円	円
	XX・4・1 XX・3・31 2	9,722,500		9,722,500			0
当期分 中間 3			7,149,000円			7,149,000	0
確定 4			28,100,900				28,100,900
計 5		9,722,500	35,249,900	9,722,500		7,149,000	28,100,900
道府県民税	6						
	XX・4・1 XX・3・31 7	1,416,400		1,416,400			0
当期分 中間 8			722,100			722,100	0
確定 9			2,414,200				2,414,200
計 10		1,416,400	3,136,300	1,416,400		722,100	2,414,200
市町村民税	11						
	XX・4・1 XX・3・31 12	620,300		620,300			0
当期分 中間 13			517,200			517,200	0
確定 14			△22,800				△22,800
計 15		620,300	494,400	620,300		517,200	△22,800
事業税及び特別法人事業税	16						
	XX・4・1 XX・3・31 17		3,206,200	3,206,200			0
当期中間分 18			1,129,000			1,129,000	0
計 19			4,335,200	3,206,200		1,129,000	0

4

5

損金算入のもの	利子税 20						
	延滞金（延納に係るもの）21						
	固定資産税 22		650,000			650,000	
	控除対象外消費税 23		20,000			20,000	
損金不算入のもの	加算税及び加算金 24		300,000			300,000	
	延滞税 25		100,000			100,000	
	延滞金（延納分を除く。）26						
	過怠税 27						
その他	源泉所得税 28		15,315			15,315	0
	29						

6

7
納税充当金の計算						
期首納税充当金 30	14,965,400 円		損金算入のもの 36		円	
繰入額 損金経理をした納税充当金 31	20,000,000	その他取崩額	損金不算入のもの 37			
32			38			
計 (31)+(32) 33	20,000,000		仮払税金消却 39			
取崩額 法人税額等 (5の③)+(10の③)+(15の③) 34	11,759,200		計 (34)+(35)+(36)+(37)+(38)+(39) 40	14,965,400	
事業税及び特別法人事業税 (19の③) 35	3,206,200		期末納税充当金 (30)+(33)-(40) 41	20,000,000	

8

通算法人の通算税効果額の発生状況等の明細					
事業年度	期首現在未決済額 ①	当期発生額 ②	当期中の決済額 支払額 ③	受取額 ④	期末現在未決済額 ⑤
・・ 42	円		円	円	円
・・ 43					
当期分 44		中間 円 確定			
計 45					

9

9　グループ通算制度を適用する場合に記載

　グループ通算制度を適用する会社が、通算税効果額の精算を行う際に、記載がされます。

　通算税効果額の精算を行うかどうかは、各通算グループの任意とされていますが、多くのグループで精算を行っているようです。

　「通算税効果額」とは、損益通算または欠損金の通算の規定等の適用によって減少する法人税等の相当額に関して、グループ通算法人間で授受される金額のことを言います。

　本書では、グループ通算制度の適用をしていない会社を前提に法人税申告書を作成していますので、この欄への金額の記載はありません。

他社の申告書を見るときの視点

　別表5(2)の「通算法人の通算税効果額の発生状況等の明細」に金額が入力されている場合は、グループ通算制度を適用していることが推察されます。

　グループ通算制度を選択している場合は、通常の単体納税と異なる税金計算が適用されます。

　企業買収先などがグループ通算制度を適用している場合は、留意が必要です。

別表パッと見 瞬殺ワーク

申告書の実例を見て、パッと見で何に注意したらよいのかワークを行ってみましょう。

ワーク1 未納の税金が残っていないか確認しておこう

3

税 目 及 び 事 業 年 度				期 末 現 在 未 納 税 額 ①+②-③-④-⑤ ⑥
法地 人方 税法 及人 び税		・　・	1	円
		XX ・ 4 ・ 1 XX ・ 3 ・ 31	2	0
	当 期 分	中　　間	3	0
		確　　定	4	28,100,900
		計	5	28,100,900
道 府 県 民 税		・　・	6	
		XX ・ 4 ・ 1 XX ・ 3 ・ 31	7	0
	当 期 分	中　　間	8	0
		確　　定	9	2,414,200
		計	10	2,414,200
市 町 村 民 税		・　・	11	
		XX ・ 4 ・ 1 XX ・ 3 ・ 31	12	0
	当 期 分	中　　間	13	0
		確　　定	14	△22,800
		計	15	△22,800
事特 業別 税法 及人 び事 　業 　税		・　・	16	
		XX ・ 4 ・ 1 XX ・ 3 ・ 31	17	0
	当　期　中　間　分		18	0
	計		19	0
そ の 他	損 金 算 入 の も の	利　子　税	20	
		延　滞　金 (延納に係るもの)	21	
		固 定 資 産 税	22	0
		控 除 対 象 外 消 費 税	23	0
	損 金 不 算 入 の も の	加 算 税 及 び 加 算 金	24	0
		延　　滞　　税	25	0
		延　滞　金 (延納分を除く。)	26	
		過　怠　税	27	
		源 泉 所 得 税	28	0
			29	

期末現在の未納分は全て当期の確定分だけだな。滞納はないようなので安心だ。

別表5（2）

ワーク2 税金のペナルティは発生しているだろうか

6	損金不算入のもの	加算税及び加算金	24		300,000			300,000	0
		延　滞　税	25		100,000			100,000	0
		延　滞　金（延納分を除く。）	26						
		過　怠　税	27						
		源　泉　所　得　税	28		15,315			15,315	0
			29						

> 加算税及び加算金と延滞税が発生しているようだ。
> 発生原因を確認しておこう。

ワーク3 実際の納税額と会計上計上した未払法人税等がおおむね一致しているか

納付税額一覧表

法人名　　：ＣＳセミナー株式会社　　　　　　　　　　　当期利益：　　200,000,000 円
事業年度：令和X1・4・1 ～ 令和X2・3・31　　　　　　所得金額：　　137,811,041 円
申告区分：確定申告

単位：円

区　分	課税標準額	年間税額	既納付額	申告納付額	見込納付額	差引納付額	翌期納付額
法　人　税	137,811,041	31,956,800	7,149,000	24,807,800		24,807,800	15,978,300
控除所得税他		15,315	15,315	0		0	
地方法人税	31,972,000	3,293,100		3,293,100		3,293,100	1,646,500
国　税　小　計		35,265,215	7,164,315	28,100,900		28,100,900	17,624,800
事　業　税 （内 外形標準課税）		1,626,100	1,129,000	497,100		497,100	812,900
所得割	137,808,000	1,626,100	1,129,000	497,100		497,100	812,900
付加価値割							
資本割							
収入割							
特別法人事業税		3,582,700		3,582,700		3,582,700	1,791,200
所得割	1,378,000	3,582,700		3,582,700		3,582,700	
収入割							
事業税等小計		5,208,800	1,129,000	4,079,800		4,079,800	2,604,100
都道府県民税		3,136,300	722,100	2,414,200		2,414,200	1,600,600
法人税割	31,971,000	2,941,300	722,100	2,219,200		2,219,200	1,470,600
均等割		195,000		195,000		195,000	130,000
道府県税小計		8,345,100	1,851,100	6,494,000		6,494,000	4,204,700
市町村民税		494,400	517,200	△62,800 40,000		△62,800 40,000	267,200
法人税割	4,567,000	374,400	437,200	△62,800		△62,800	187,200
均等割		120,000	80,000	40,000		40,000	80,000
地方税小計		8,839,500	2,368,300	△62,800 6,534,000		△62,800 6,534,000	4,471,900
合　　計		44,104,715	9,532,615	△62,800 34,634,900		△62,800 34,634,900	22,096,700
消費税及び地方消費税							
総　　計		44,104,715	9,532,615	△62,800 34,634,900		△62,800 34,634,900	22,096,700

実際の未納税額

※　税務ソフトから出力される納付税額一覧表のサンプルです。

8 納税充当金の計算

期首納税充当金	30	14,965,400 円				取崩額	その他	損金算入のもの	36	円
繰入額	損金経理をした納税充当金	31	20,000,000					損金不算入のもの	37	
		32							38	
	計 (31)＋(32)	33	20,000,000					仮払税金消却	39	
取崩額	法人税額等 (5の③)＋(10の③)＋(15の③)	34	11,759,200				計 (34)＋(35)＋(36)＋(37)＋(38)＋(39)		40	14,965,400
	事業税及び特別法人事業税 (19の③)	35	3,206,200				期末納税充当金 (30)＋(33)－(40)		41	20,000,000

会計上、計上した
未払法人税等の金額

　実際の未納税額34,572,100円（34,634,900円－62,800円）に対して、会計上計上した未払法人税等の金額が20,000,000円で、差額が比較的大きいな。なぜ少なく計上しているのか確認が必要だな。粉飾とかじゃなければいいけど。

Lesson 6　別表 7 (1)
―赤字の状況―

欠損金の損金算入等に関する明細書

事業年度	令和X1・4・1 令和X2・3・31	法人名	CSセミナー株式会社	別表七(一)

控除前所得金額 （別表四「43の①」）	1	275,622,081 円	損金算入限度額 (1)× 50又は100 / 100	2	137,811,040 円

事業年度	区　　　分	控除未済欠損金額 3	当期控除額（当該事業年度の(3)と((2)－当該事業年度の(4)の合計額))のうち少ない金額 4	翌期繰越額 ((3)－(4))又は(別表七(四)「15」) 5
・・ ・・	青色欠損・連結みなし欠損・災害損失	円	円	
・・ ・・	青色欠損・連結みなし欠損・災害損失			円
・・ ・・	青色欠損・連結みなし欠損・災害損失			
・・ ・・	青色欠損・連結みなし欠損・災害損失			
・・ ・・	青色欠損・連結みなし欠損・災害損失			
・・ ・・	青色欠損・連結みなし欠損・災害損失			
・・ ・・	青色欠損・連結みなし欠損・災害損失			
・・ ・・	青色欠損・連結みなし欠損・災害損失			
XX・4・1 XX・3・31	青色欠損・連結みなし欠損・災害損失	500,000,000	137,811,040	362,188,960
XX・4・1 XX・3・31	青色欠損・連結みなし欠損・災害損失	500,000,000	0	500,000,000
	計	1,000,000,000	137,811,040	862,188,960

当期分	欠損金額 （別表四「52の①」）		欠損金の繰戻し額	
	同上のうち	青色欠損金額		
		災害損失欠損金額	(16の③)	
	合　　計			862,188,960

災害により生じた損失の額がある場合の繰越控除の対象となる欠損金額等の計算

災害の種類		災害のやんだ日又はやむを得ない事情のやんだ日	・・ ・・
災害を受けた資産の別	棚卸資産 ①	固定資産（固定資産に準ずる繰延資産を含む。）②	計 ①+② ③
当期の欠損金額 （別表四「52の①」） 6			円
災害により生じた損失の額	資産の滅失等により生じた損失の額 7	円	円
	被害資産の原状回復のための費用等に係る損失の額 8		
	被害の拡大又は発生の防止のための費用に係る損失の額 9		
	計 (7)+(8)+(9) 10		
保険金又は損害賠償金等の額 11			
差引災害により生じた損失の額 (10)－(11) 12			
同上のうち所得税額の還付又は欠損金の繰戻しの対象となる災害損失金額 13			
中間申告における災害損失欠損金の繰戻し額 14			
繰戻しの対象となる災害損失欠損金額 (6の③)と((13の③)－(14の③))のうち少ない金額 15			
繰越控除の対象となる欠損金額 (6の③)と((12の③)－(14の③))のうち少ない金額 16			

POINT

✓ 所得から控除できる欠損金の状況がわかる！

✓ 切捨てになりそうな欠損金の状況がわかる！

ここだけ理解　別表 7 (1)

◆ 欠損金の繰越控除は10年間可能

　別表 7 (1)は、法人税法上欠損が発生した場合に、次年度以降に繰り越す額を明らかにしたり、過去に発生した欠損を今期利用した場合に、利用実績を明らかにするものです。

　会社の決算では、損失が発生してもその損失は翌期以降の単年度の損益計算には影響を与えません。しかし、税金計算で欠損金を翌期に繰り越して翌期以降に発生した黒字と相殺できないと、過去の赤字と将来の黒字を通算することができず、税負担が非常に重くなってしまいます。

　そこで、法人税法では欠損金を翌期以降に繰り越し、所得の生じた年度に損金算入（所得から控除）できることとしています。

　欠損金は翌期以降、所得が生じた年度でその所得金額を限度として損金算入できますが、損金算入できる期間には限度が定められており、その期間は10年です。10年を超えて繰り越すことはできず、10年間で控除しきれなかった欠損金はその時点で切り捨てられてしまいます。

　控除期間の10年ですが、正確には2018年 4 月 1 日以後に開始した事業年度に適用される年数で、2018年 3 月31日以前に開始した事業年度については、 9 年となっています。

　「赤字も財産」と言われることもありますが、それは、過去に発生した赤字が黒字と相殺されて税金が抑えられて初めて意味をなすものであって、相殺されずに切り捨てられてしまっては「財産」になりません。過去に発生した赤字が残っている場合、あと何年で切り捨てられてしまうのかということを認識しておくことは非常に重要です。

用語 ざっくり 解説

■ 法人税法上の欠損金

　法人税法上の欠損金とは、損金の額が益金の額を超える場合に生じる額を言います。
つまり、損金の方が益金よりも大きい場合に生じるのが、欠損金です。

　会計上は、費用の方が収益よりも大きい場合に純損失が発生します。

　利益が所得と一致しないのと同じように、欠損金と純損失は一致しません。

　また、欠損金を繰越控除するためには、次のような要件を満たす必要があります。

　・欠損金の生じた年度が青色申告で確定申告書を提出していること

　・欠損金が生じた事業年度以降連続して確定申告書を提出していること

　・欠損金が生じた事業年度に関する帳簿書類を保存していること

別表
7
(1)

◆ 控除できる金額は大法人と中小法人では異なる

損金算入して所得から控除できる金額について、以前は特に損金算入額に関して限度額の設定はありませんでしたので、事業年度の所得の金額まで控除可能でした。

例えば、100億円の繰越欠損金があって、今期30億円の儲けが発生した場合は、今期の所得の30億円を限度に損金算入が可能でしたので、今期の税金の計算の基礎となる金額は次のように計算していました。

この結果、過去の繰越欠損金が多額に残っている場合は、その範囲で儲けが出ても法人税は発生しませんでした。

その後税制改正が行われて、現在は損金算入して所得から控除できる金額は、繰越欠損金控除前の所得金額の50％に制限されています。上の例でいうと次のように所得が計算されます。

ただ、中小法人（31ページの**＋スタディ**で解説した資本金1億円以下の法人であっても、資本金5億円以上である法人による完全支配関係がある子会社は除かれます。）や設立後から7年までの新設法人にはこの50％の制限はなく、各事業年度の所得金額まで、つまり所得金額の100％まで損金算入できます。

▶ 欠損金の繰越期間と控除限度額

控除限度額：控除前所得の50％　繰越期間：10年

繰越欠損金		欠損金控除限度額		所得
100億	課税所得（欠損金控除前） 30億			

中小法人等 → 30億 30億 → 0

中小法人等以外の法人 → 15億 30億 → 15億

30億 ×50％

➕プラススタディ　会計上、欠損填補をした場合の取扱い

　欠損金が生じた場合に、決算書の純資産の部の見栄えをよくするために欠損填補の処理をするケースがあります。欠損填補を実施すると、次のような経理処理が行われることになります。

　例）資本準備金を取り崩して欠損填補を行った場合

　　仕訳（会計上の処理）

　　（借方）資 本 準 備 金　×××　　（貸方）繰越利益剰余金　×××

　上記の経理処理の結果、決算上は純資産の部にある繰越利益剰余金はプラスになりますが、これに伴って法人税法上の繰越欠損金が減額されてしまうかというと、そうではありません。この経理処理はあくまでも資本取引なので、法人税法上の欠損金は欠損填補後も何ら減額されることなく残ることになっており、引き続き利用することができます。

　このように税務と会計とでは処理が異なりますので、決算書の純資産の部で繰越利益剰余金がプラスとなっている場合でも、別表7(1)に繰越欠損金が残っているケースがあります。

　決算書だけを見て終わりにするのではなく、別表7(1)もチェックしてください。

☑ ここだけはチェック！

　決算書では繰越欠損金が全てなくなっているケースでも、法人税法上は欠損金が残っているケースがあるようなので、別表7(1)は必ずチェックしないといけないわね。

別表7(1)

別表7⑴を見る時のチェックポイントはここ！

欠損金の損金算入等に関する明細書

事業年度	令和X1・4・1 令和X2・3・31	法人名	ＣＳセミナー株式会社

別表七（一）

控除前所得金額 （別表四「43の①」）	1	275,622,081 円	損金算入限度額 (1) × 50又は100 100	2	137,811,040

5

事業年度	区　分	控除未済欠損金額 3	当期控除額 （当該事業年度の(3)と((2)－当該事業年度前の (4)の合計額)のうち少ない金額） 4	翌期繰越額 ((3)－(4))又は(別表七(四)「15」) 5
・・・	青色欠損・連結みなし欠損・災害損失	円	円	円

4

・・・	青色欠損・連結みなし欠損・災害損失			円
・・・	青色欠損・連結みなし欠損・災害損失			
・・・	青色欠損・連結みなし欠損・災害損失			
・・・	青色欠損・連結みなし欠損・災害損失			
・・・	青色欠損・連結みなし欠損・災害損失			
・・・	青色欠損・連結みなし欠損・災害損失			
・・・	青色欠損・連結みなし欠損・災害損失			
XX・4・1 XX・3・31	青色欠損・連結みなし欠損・災害損失	500,000,000	137,811,040	362,188,960
XX・4・1 XX・3・31	青色欠損・連結みなし欠損・災害損失	500,000,000	0	500,000,000
	計	1,000,000,000	137,811,040	862,188,960

当期分	欠損金額 （別表四「52の①」）	**1**	欠損金の繰戻し額	**2**	
	同上のうち 青色欠損金額				
	同上のうち 災害損失欠損金額	(16の③)			
	合　　計				862,188,960

3

災害により生じた損失の額がある場合の繰越控除の対象となる欠損金額等の計算

災害の種類		災害のやんだ日又はやむを得ない事情のやんだ日	・　・
災害を受けた資産の別	棚卸資産 ①	固定資産 （固定資産に準ずる繰延資産を含む。） ②	計 ①＋② ③

当期の欠損金額 （別表四「52の①」）	6			円
災害により生じた損失の額	資産の滅失等により生じた損失の額	7	円	円
	被害資産の原状回復のための費用等に係る損失の額	8		
	被害の拡大又は発生の防止のための費用に係る損失の額	9		
	計 (7)＋(8)＋(9)	10		
保険金又は損害賠償金等の額	11			
差引災害により生じた損失の額 (10)－(11)	12			
同上のうち所得税額の還付又は欠損金の繰戻しの対象となる災害損失金額	13			
中間申告における災害損失欠損金の繰戻し額	14			
繰戻しの対象となる災害損失欠損金額 ((6の③)と((13の③)－(14の③))のうち少ない金額)	15			
繰越控除の対象となる欠損金額 ((6の③)と(((12の③)－(14の③))のうち少ない金額)	16			

別表7⑴

1 前期までの欠損金

前期から繰り越されてきた欠損金が記載されます。

「赤字も財産」といわれるのは、将来の所得と相殺できるからです。いくらの繰越欠損金があるかをここで把握しましょう。

将来の利益計画があれば、欠損金を将来の利益で使い切れるのかどうかを検討しておきましょう。将来使い切れなかったら、財産ではなくてただの赤字ということになってしまいます。

自社のチェッカーとしての視点

前期の別表7(1)の翌期繰越額の金額と一致しているかを確認しましょう。

金額が一致していない場合は、転記ミスやシステムの繰越ミスが発生している可能性があるので、必ずチェックすべき項目です。

別表7(1)

2 当期の儲けに充当

当期に儲け（所得）が発生した場合に控除された欠損金が表示されます。このケースでは、137,811,040円を控除しています。

ここで控除された金額は、別表4の「欠損金又は災害損失金等の当期控除額」の欄に転記されます。

3 翌期繰越し　　　　　　　　　　　　　　　➡ ワーク1

翌年以降使える赤字（所得から控除できる欠損金）が表示されます。

別表7⑴を見る時のチェックポイントはここ！

欠損金の損金算入等に関する明細書

事業年度	令和X1・4・1 令和X2・3・31	法人名	ＣＳセミナー株式会社

別表七(一)

控除前所得金額 (別表四「43の①」)	1	275,622,081 円	損金算入限度額 (1) × 50又は100 100	2	137,811,040	5

事業年度	区　　分	控除未済欠損金額 3	当　期　控　除　額 (当該事業年度の(3)と((2)-当該事業年度前の (4)の合計額)のうち少ない金額) 4	翌　期　繰　越　額 ((3)-(4)) 又は (別表七(四)「15」) 5
・　・ ・　・	青色欠損・連結みなし欠損・災害損失	円	円	4
・　・ ・　・	青色欠損・連結みなし欠損・災害損失			円
・　・ ・　・	青色欠損・連結みなし欠損・災害損失			
・　・ ・　・	青色欠損・連結みなし欠損・災害損失			
・　・ ・　・	青色欠損・連結みなし欠損・災害損失			
・　・ ・　・	青色欠損・連結みなし欠損・災害損失			
・　・ ・　・	青色欠損・連結みなし欠損・災害損失			
・　・ ・　・	青色欠損・連結みなし欠損・災害損失			
XX・4・1 XX・3・31	青色欠損・連結みなし欠損・災害損失	500,000,000	137,811,040	362,188,960
XX・4・1 XX・3・31	青色欠損・連結みなし欠損・災害損失	500,000,000	0	500,000,000
	計	1,000,000,000	137,811,040	862,188,960

当期分	欠　損　金　額 (別表四「52の①」)	1	欠損金の 2 戻し額	
	同上のうち 青色欠損金額			
	災害損失欠損金額	(16の③)		
	合　　　計			862,188,960

災害により生じた損失の額がある場合の繰越控除の対象となる欠損金額等の計算 3

災　害　の　種　類		災害のやんだ日又はやむ を得ない事情のやんだ日	・　・
災害を受けた資産の別	棚　卸　資　産 ①	固　定　資　産 (固定資産に準ずる繰延資産を含む。) ②	計 ①+② ③
当　期　の　欠　損　金　額 (別表四「52の①」) 6			円
災害により生じた損失の額	資産の滅失等により生じた損失の額 7	円	円	
	被害資産の原状回復のための 費用等に係る損失の額 8			
	被害の拡大又は発生の防止 のための費用に係る損失の額 9			
	計 (7)+(8)+(9) 10			
保険金又は損害賠償金等の額 11			
差引災害により生じた損失の額 (10)-(11) 12			
同上のうち所得税額の還付又は欠損金の 繰戻しの対象となる災害損失金額 13			
中間申告における災害損失欠損金の繰戻し額 14			
繰戻しの対象となる災害損失欠損金額 (6の③)と((13の③)-(14の③))のうち少ない金額 15			
繰越控除の対象となる欠損金額 (6の③)と(((12の③)-(14の③))のうち少ない金額 16			

4 切捨て時期に注意

➡ ワーク 2

10年経過すると欠損金を使えなくなります。

ただし、2018年3月31日以前に開始した事業年度の分については9年で切り捨てられます。

発生した事業年度ごとに、いつの事業年度で切り捨てられるのかを事前に把握しておくことが重要です。

他社の申告書を見る時の視点

企業買収に際して欠損金がある会社を買収して、買収後に欠損金を使おうと考えるケースはあります。買収金額を決定する際に、欠損金を使った場合の税金の減額見込みを加味するケースもあります。ただ、これはあくまでも予定通り欠損金を将来使い切ることを前提としているので、買収対象企業の将来の収益見込みなどを総合的に勘案して買収価格に反映しないと、欠損金を使いきれなかった場合、高づかみとなってしまうことも想定されますので、買収価格への反映は慎重に検討しましょう。

また、買収の形態によっては欠損金に利用制限がかかるケースもありますので、その点も注意が必要です。

別表7⑴

欠損金の損金算入等に関する明細書

事業年度	令和X1・4・1 令和X2・3・31	法人名	CSセミナー株式会社	別表七(一)

控除前所得金額 (別表四「43の①」)	1	275,622,081 円	損金算入限度額 (1) × 50又は100／100	2	137,811,040 円	**5**

事業年度	区　　分	控除未済欠損金額 3	当期控除額 当該事業年度の(3)と((2)-当該事業年度前の(4)の合計額)のうち少ない金額) 4	翌期繰越額 ((3)-(4))又は(別表七(四)「15」) 5
・　・	青色欠損・連結みなし欠損・災害損失	円	円	
・　・	青色欠損・連結みなし欠損・災害損失			円 **4**
・　・	青色欠損・連結みなし欠損・災害損失			
・　・	青色欠損・連結みなし欠損・災害損失			
・　・	青色欠損・連結みなし欠損・災害損失			
・　・	青色欠損・連結みなし欠損・災害損失			
・　・	青色欠損・連結みなし欠損・災害損失			
・　・	青色欠損・連結みなし欠損・災害損失			
XX・4・1 XX・3・31	青色欠損・連結みなし欠損・災害損失	500,000,000	137,811,040	362,188,960
XX・4・1 XX・3・31	青色欠損・連結みなし欠損・災害損失	500,000,000	0	500,000,000
	計	1,000,000,000	137,811,040	862,188,960

当期分	欠損金額 (別表四「52の①」)	**1**	欠損金の繰戻し額 **2**	
	同上のうち 青色欠損金額			
	同上のうち 災害損失欠損金額	(16の③)		
	合　　計			862,188,960

災害により生じた損失の額がある場合の繰越控除の対象となる欠損金額等の計算 **3**				
災　害　の　種　類			災害のやんだ日又はやむを得ない事情のやんだ日	・　　・
災害を受けた資産の別		棚卸資産 ①	固定資産 (固定資産に準ずる繰延資産を含む。) ②	計 ①+② ③
当期の欠損金額 (別表四「52の①」)	6			円
災害により生じた損失の額 資産の滅失等により生じた損失の額	7	円	円	
被害資産の原状回復のための費用等に係る損失の額	8			
被害の拡大又は発生の防止のための費用に係る損失の額	9			
計 (7)+(8)+(9)	10			
保険金又は損害賠償金等の額	11			
差引災害により生じた損失の額 (10)-(11)	12			
同上のうち所得税額の還付又は欠損金の繰戻しの対象となる災害損失金額	13			
中間申告における災害損失欠損金の繰戻し額	14			
繰戻しの対象となる災害損失欠損金額 ((6の③)と((13の③)-(14の③))のうち少ない金額)	15			
繰越控除の対象となる欠損金額 ((6の③)と((12の③)-(14の③))のうち少ない金額)	16			

別表7⑴

5 控除割合50％制限の判定

➡ ワーク3

　中小法人等以外の会社の場合は、欠損金額の控除可能金額は、繰越欠損金控除前の所得金額の50％に制限されます。このケースでは、中小法人等に該当しないため、

　　　275,622,081円×50％＝137,811,040円

が控除限度額になっています。

　繰越欠損金の控除に関しては、大法人に該当するか中小法人等に該当するかで、かなりタックスプランニングが変わってきます。

　繰越期間はいずれも10年ですが、控除割合が100％と50％と異なるため影響額は大きいです。

　大法人の場合は、多額の繰越欠損金があったとしても控除できる繰越欠損金は欠損金控除前の所得の50％ですから、一定の税金が発生することをプランニング上考慮しておくことが重要です。

　なかには、繰越欠損金の控除を最大限いかすために資本金を1億円以下に減資して、法人税法上の大法人から中小法人等へみなされるようにする会社もあります。

別表
7
(1)

自社のチェッカーとしての視点

　欠損金の控除ができる時に、控除割合の選択を間違っていないかチェックしましょう。大法人にもかかわらず、100％控除していたり、逆に、中小法人等であるにもかかわらず50％しか控除していないことがないかどうかを確認しましょう。

別表パッと見 瞬殺ワーク

申告書の実例を見て、パッと見で何に注意したらよいのかワークを行ってみましょう。

ワーク1 翌年いくら欠損金が使えるのか

3

事業年度	区　　　分	翌　期　繰　越　額 ((3)−(4))又は(別表七(四)「15」) 5
XX・4・1 XX・3・31	(青色欠損) 連結みなし欠損・災害損失	362,188,960
XX・4・1 XX・3・31	(青色欠損) 連結みなし欠損・災害損失	500,000,000
	計	862,188,960
当期分	欠　損　金　額 (別表四「52の①」)	
	同上のうち 青　色　欠　損　金　額	
	同上のうち 災害損失欠損金額	
	合　　　計	862,188,960

> 来年以降も使える繰越欠損金は862,188,960円あるんだな。

ワーク2 切捨てになるのはいつだろう

4

XX・4・1 XX・3・31	(青色欠損) 連結みなし欠損・災害損失	500,000,000	137,811,040	362,188,960
XX・4・1 XX・3・31	(青色欠損) 連結みなし欠損・災害損失	500,000,000	0	500,000,000

> 362,188,960円と500,000,000円がそれぞれ発生から10年で切り捨てられるので、切捨てとなる事業年度を確認しておこう。
> ただ、2018年3月31日以前に開始した事業年度の分は、9年で切捨てとなるので、注意が必要だな。

ワーク3　控除限度額の制限はあるのか

| 5 | 控除前所得金額
(別表四「43の①」) | 1 | 275,622,081 円 | 損　金　算　入　限　度　額
(1)× $\frac{50\text{又は}100}{100}$ | 2 | 137,811,040 円 |

> 欠損金の控除割合が50%の制限を受けている会社だな。
> 　欠損金があるから儲かっても税金かからないと思っていたけど、50%しか控除できないから税金のことも考えないといけないな。

別表7(1)

Part 3 この別表を見たらわかること

Lesson 7　別表 8 (1)
―配当の状況―

受取配当等の益金不算入に関する明細書			事業年度	令和X1・4・1 令和X2・3・31	法人名	CSセミナー株式会社		別表八(一)

完全子法人株式等に係る受取配当等の額 (9の計)	1	円 8,000,000	非支配目的株式等に係る受取配当等の額 (33の計)	4	円 60,000
関連法人株式等に係る受取配当等の額 (16の計)	2	600,000	受取配当等の益金不算入額 (1)+((2)-(20の計))+(3)×50%+(4)×(20% 又は40%)	5	8,605,334
その他株式等に係る受取配当等の額 (26の計)	3				

		受 取 配 当	等 の 額 の 明 細				
完全子法人株式等	法 人 名	6	ネット教育プロ				
	本 店 の 所 在 地	7	東京都新宿区				計
	受取配当等の額の計算期間	8	XX・9・1 XX・8・31	・・・	・・・	・・・	
	受 取 配 当 等 の 額	9	円 8,000,000	円	円	円	円 8,000,000
関連法人株式等	法 人 名	10	オンデマンド研修				
	本 店 の 所 在 地	11	東京都品川区				計
	受取配当等の額の計算期間	12	XX・1・1 XX・12・31	・・・	・・・	・・・	
	保 有 割 合	13	40.000				
	受 取 配 当 等 の 額	14	円 600,000	円	円	円	円 600,000
	同上のうち益金の額に算入される金額	15					
	益金不算入の対象となる金額 (14)-(15)	16	600,000				600,000
	(34)が「不適用」の場合又は別表八(一)付表「13」が「非該当」の場合 (16)×0.04	17					
	同上以外の場合 (16)/(16の計)	18	1.000				1.000
	支払利子等の10%相当額 (((38)×0.1)又は(別表八(一)付表「14」))×(18)	19	円 6,666	円	円	円	円 6,666
	受取配当等の額から控除する支払利子等の額 (17)又は(19)	20	6,666				6,666
その他株式等	法 人 名	21					
	本 店 の 所 在 地	22					計
	保 有 割 合	23					
	受 取 配 当 等 の 額	24	円	円	円	円	円
	同上のうち益金の額に算入される金額	25					
	益金不算入の対象となる金額 (24)-(25)	26					
非支配目的株式等	法人名又は銘柄	27	PONY				
	本 店 の 所 在 地	28					計
	基 準 日 等	29	XX・6・30	・・・	・・・	・・・	
	保 有 割 合	30	0.100				
	受 取 配 当 等 の 額	31	円 60,000	円	円	円	円 60,000
	同上のうち益金の額に算入される金額	32					
	益金不算入の対象となる金額 (31)-(32)	33	60,000				60,000

	支 払 利 子 等 の 額 の 明 細			
令第19条第2項の規定による支払利子控除額の計算	34	適用・不適用		
当期に支払う利子等の額	35	66,660	超過利子額の損金算入額 (別表十七(二の三)「10」)	37
国外支配株主等に係る負債の利子等の損金不算入額、対象純支払利子等の損金不算入額又は恒久的施設に帰せられるべき資本に対応する負債の利子の損金不算入額 (別表十七(一)「35」と別表十七(二の二)「29」のうち少ない金額)又は(別表十七(二の二)「34」と別表十七(二の二)「17」のうち多い金額)	36		支払利子等の額の合計額 (35)-(36)+(37)	38
				66,660

別表8(1)

POINT

✓ 受け取った配当のうち課税対象とならない金額がわかる！

✓ グループ会社からの配当入金状況がわかる！

ここだけ理解　別表8(1)

◆ 二重課税の調整のためにある受取配当等の益金不算入制度

別表8(1)は内国法人から受ける配当金等について、**受取配当等の益金不算入**の規定を適用する場合に記載される別表です。

別表の見方を見る前に、受取配当等の益金不算入の制度について解説をしたいと思います。益金不算入によって減算をする仕組みですので、納税者にとってありがたい制度です。なぜそのような制度があるのかというと、二重課税を調整するためにあるのです。

そもそも配当金は、会社が法人税を支払った残りの原資から支払いがなされます。つまり課税後の残余です。税金が課税された残りを受け取った会社にさらに法人税を課税しては、二重に税金が課されることになってしまいます。そこで、二重課税をなくすために受取配当等の益金不算入制度があるのです。

受け取った配当金が全額益金不算入になるかというと、株式の保有割合によって益金不算入額は異なってきます。

受け取る配当を株式等の保有割合に応じて次の4つに分類します。

▶ **受取配当等の益金不算入額4パターン**

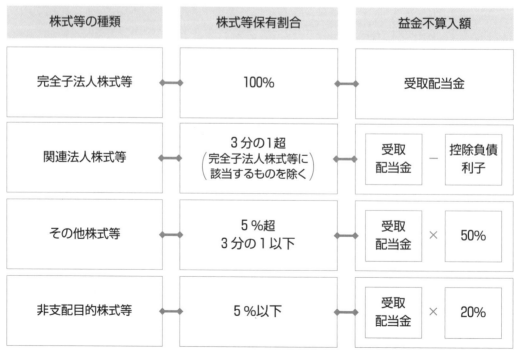

別表8(1)

■ 内国法人

　別表8(1)は、"内国法人"から受ける配当金が記載されますが、"内国法人"の定義を見ていきましょう。

　法人税法では、会社を大きくは、内国法人と外国法人に区分します。

　内国法人とは、国内に本店又は主たる事務所を有する法人というのが正確な定義です。これに対して外国法人は、内国法人以外の法人というのが定義です。外資系企業が外国法人かというとそういう訳ではありません。

　例えば、親会社がアメリカにある外資系企業の日本にある100%子会社のことを考えていきましょう。アメリカ本社の親会社は本店が日本国内にないので、内国法人の定義に当てはまらず外国法人になりますが、日本にある100%子会社は日本に本店があるので内国法人に該当します。一般的に、海外に親会社のある会社の100%子会社そのものを外資系企業ということが多いと思いますが、法人税では内国法人に該当するのです。

別表
8
(1)

◆ 株式保有割合で益金不算入の金額は異なる

株式の保有割合が100％の完全子法人株式等であれば、受け取った配当金の全額が益金不算入となります。

保有割合が５％超、３分の１以下の会社は、その他株式等に分類されて受取配当金の50％が益金不算入、保有割合が５％以下の会社は、非支配目的株式等に分類されて受取配当金の20％しか益金不算入になりません。

保有割合が３分の１超、100％未満の株式は、関連法人株式等に分類されますが、完全子法人株式等との違いは、**控除負債利子**というものを引かれるかどうかです。

一定の支払利息について、控除する（その分だけ益金不算入が減るので納税者にとっては不利になります。）というのは、次のような趣旨で行います。

受取配当の益金不算入の適用を受けるために借入をして株式を購入したとします。

そうすると、借入に伴う支払利息が発生しますが、こちらは損金となる一方、受け取った配当金が全額益金不算入になってしまっては、借入を行わずに配当金を受け取った会社と比較して公平ではなくなります。そこで、支払利息のうち株式の購入に充てられたと想定される金額を控除するようにしているのです。ただし、個別の銘柄ごとにひも付きで借入を行っていないことの方が一般的ですので、計算をする際は、簡便的に行います。

具体的には、原則として関連法人株式等に係る配当等の額の益金不算入額から控除される負債の利子の額は、その配当等の額の４％相当額とします。ただし、選択により適用事業年度の支払利子等の額の合計額の10％相当額が上限となります。

別表
8
(1)

◆ 子会社等の業績の参考になる別表

　このように別表8(1)は二重課税を調整する目的のために作成される別表ですが、見る側の視点から考えると、他の会社からの配当金等がどの程度あるのか、その結果いくらの金額が申告調整で減算（益金不算入）になるのかを知ることができます。

　また、出資割合に応じて別表での記載場所が異なってきますので、配当金を受け取った会社の出資割合のゾーンを完全子法人株式等、関連法人株式等、その他株式等、非支配目的株式等の4つの種類で分けてみることができます。

　そのため、他社の申告書を見る立場の方の場合、グループの会社という認識がなかった会社が関連法人株式等にあることを別表8(1)で知ることになるかもしれません。

　さらに、子会社等からの配当に関して、どの会社の分がいくらあるのかもわかりますので、子会社等の業績の善し悪しの判断材料にもなります。

☑ ここだけはチェック！

　子会社から決算書を入手できない会社も、別表8(1)を見れば配当の実績は確認ができるんだね。

別表
8
(1)

受取配当等の益金不算入に関する明細書

| 事業年度 | 令和 X1・4・ 1
令和 X2・3・31 | 法人名 | ＣＳセミナー株式会社 | 別表八(一) |

完全子法人株式等に係る受取配当等の額 (9の計)	1	8,000,000 円	非支配目的株式等に係る受取配当等の額 (33の計)	4	60,000 円
関連法人株式等に係る受取配当等の額 (16の計)	2	600,000	受取配当等の益金不算入額 (1)＋((2)－(20の計))＋(3)×50％＋(4)×(20％ 又は40％)	5	8,605,334	**6**
その他株式等に係る受取配当等の額 (26の計)	3				

			受 取 配 当 等 の 額 の 明 細			

1

完全子法人株式等

法 人 名	6	ネット教育プロ				計
本 店 の 所 在 地	7	東京都新宿区				
受取配当等の額の計算期間	8	XX・ 9 ・1 XX・ 8 ・31	・ ・	・ ・	・ ・	
受 取 配 当 等 の 額	9	8,000,000 円	円	円	円	8,000,000 円

2

関連法人株式等

法 人 名	10	オンデマンド研修				計
本 店 の 所 在 地	11	東京都品川区				
受取配当等の額の計算期間	12	XX・ 1 ・1 XX・12 ・31	・ ・	・ ・	・ ・	
保 有 割 合	13	40.000				
受 取 配 当 等 の 額	14	600,000 円	円	円	円	600,000 円
同上のうち益金の額に算入される金額	15					
益金不算入の対象となる金額 (14)－(15)	16	600,000				600,000
(34)が「不適用」の場合又は別表八(一)付表「13」が「非該当」の場合 (16)×0.04	17					
同上以外の場合 $\frac{(16)}{(16の計)}$	18	1.000				1.000
支払利子等の10％相当額 (((38)×0.1)又は(別表八(一)付表「14」))×(18)	19	6,666 円	円	円	円	6,666 円
受取配当等の額から控除する支払利子等の額 (17)又は(19)	20	6,666				6,666

3

その他株式等

法 人 名	21					計
本 店 の 所 在 地	22					
保 有 割 合	23					
受 取 配 当 等 の 額	24	円	円	円	円	円
同上のうち益金の額に算入される金額	25					
益金不算入の対象となる金額 (24)－(25)	26					

5

4

非支配目的株式等

法 人 名 又 は 銘 柄	27	PONY				計
本 店 の 所 在 地	28					
基 準 日 等	29	XX・ 6 ・30	・ ・	・ ・	・ ・	
保 有 割 合	30	0.100				
受 取 配 当 等 の 額	31	60,000 円	円	円	円	60,000 円
同上のうち益金の額に算入される金額	32					
益金不算入の対象となる金額 (31)－(32)	33	60,000				60,000

			支 払 利 子 等 の 額 の 明 細			

令 第 19 条 第 2 項 の 規 定 に よ る 支 払 利 子 控 除 額 の 計 算	34	適用 ・不適用

当期に支払う利子等の額	35	66,660 円	超 過 利 子 額 の 損 金 算 入 額 (別表十七(二の三)「10」)	37	円
国外支配株主等に係る負債の利子等の損金不算入額、対象純支払利子等の損金不算入額又は恒久的施設に帰せられるべき資本に対応する負債の利子の損金不算入額 (別表十七(一)「35」と別表十七(二の二)「29」のうち多い金額)又は(別表十七(二の二)「34」と別表十七の二(二)「17」のうち多い金額)	36		支 払 利 子 等 の 額 の 合 計 額 (35)－(36)＋(37)	38	66,660

1 100％子会社からの配当　　⇒ ワーク1　ワーク2

完全子法人からの配当が記載されます。

記載された金額の全額が益金不算入になります。

2 関連法人株式等からの配当　　⇒ ワーク1　ワーク2

発行済株式の3分の1超を6ヶ月以上保有している会社（完全子法人株式等以外）からの配当が記載されます。

記載された金額から控除負債利子を差し引いた金額が益金不算入になります。

3 その他株式等からの配当　　⇒ ワーク1　ワーク2

持株割合が5％超、3分の1以下の会社からの配当が記載されます。

記載された金額の50％が益金不算入になります。

4 非支配目的株式等からの配当　　⇒ ワーク1　ワーク2

持株割合が5％以下の会社からの配当が記載されます。

記載された金額の20％が益金不算入になります。

他社の申告書を見る時の視点

子会社や関係会社からの配当の実績を確認することができます。

子会社等の決算書を入手することができない場合は、配当実績はこの別表で知ることができます。また、関連法人株式等やその他株式等に認識をしていなかったグループ会社が記載されているケースもあるかもしれませんので、未認識の会社の存在を知ったらリサーチをしてみましょう。

銘柄が多くて別表8(1)に収まらない場合は、別表8(1)の付表に銘柄別の明細が記載されます。

受取配当等の益金不算入に関する明細書

事業年度	令和 X1・4・1 令和 X2・3・31	法人名	ＣＳセミナー株式会社		別表八（一）

完全子法人株式等に係る受取配当等の額 （9の計）	1	8,000,000 円	非支配目的株式等に係る受取配当等の額 （33の計）	4	60,000 円		
関連法人株式等に係る受取配当等の額 （16の計）	2	600,000	受取配当等の益金不算入額 (1)＋((2)−(20の計))＋(3)×50%＋(4)×(20%又は40%)	5	8,605,334	6	
その他株式等に係る受取配当等の額 （26の計）	3						

受 取 配 当 等 の 額 の 明 細									
完全子法人株式等	法 人 名	6	ネット教育プロ					計	
	本 店 の 所 在 地	7	東京都新宿区						
	受取配当等の額の計算期間	8	XX・ 9 ・ 1 XX・ 8 ・31	・ ・	・ ・	・ ・			
	受 取 配 当 等 の 額	9	8,000,000	円	円	円		8,000,000 円	
関連法人株式等	法 人 名	10	オンデマンド研修					計	
	本 店 の 所 在 地	11	東京都品川区						
	受取配当等の額の計算期間	12	XX・ 1 ・ 1 XX・12 ・31	・ ・	・ ・	・ ・			
	保 有 割 合	13	40.000						
	受 取 配 当 等 の 額	14	600,000 円	円	円	円		600,000 円	
	同上のうち益金の額に算入される金額	15							
	益金不算入の対象となる金額 （14）−（15）	16	600,000					600,000	
	(34)が「不適用」の場合又は別表八(一)付表「13」が「非該当」の場合 （16）× 0.04	17							
	同上以外の場合	$\frac{(16)}{(16の計)}$	18	1.000					1.000
		支払利子等の10％相当額 (((38)×0.1)又は(別表八(一)付表「14」))×(18)	19	6,666 円	円	円	円	6,666 円
	受取配当等の額から控除する支払利子等の額 （17）又は（19）	20	6,666					6,666	
その他株式等	法 人 名	21						計	
	本 店 の 所 在 地	22							
	保 有 割 合	23							
	受 取 配 当 等 の 額	24	円	円	円	円		円	
	同上のうち益金の額に算入される金額	25							
	益金不算入の対象となる金額 （24）−（25）	26							
非支配目的株式等	法人名又は銘柄	27	PONY					計	
	本 店 の 所 在 地	28							
	基 準 日 等	29	XX・ 6 ・30	・	・	・			
	保 有 割 合	30	0.100						
	受 取 配 当 等 の 額	31	60,000 円	円	円	円		60,000 円	
	同上のうち益金の額に算入される金額	32							
	益金不算入の対象となる金額 （31）−（32）	33	60,000					60,000	

支 払 利 子 等 の 額 の 明 細							
令第19条第2項の規定による支払利子控除額の計算	34	適用 ・ 不適用					
当期に支払う利子等の額	35	66,660 円	超過利子額の損金算入額 （別表十七（二の三）「10」）	37	円		
国外支配株主等に係る負債の利子等の損金不算入額、対象純支払利子等の損金不算入額又は恒久的施設に帰せられるべき資本に対応する負債の利子の損金不算入額 （別表十七（一）「35」と別表十七（二の二）「29」のうち多い金額）又は（別表十七（二の二）「34」と別表十七の二（二）「17」のうち多い金額）	36		支払利子等の額の合計額 （35）−（36）＋（37）	38	66,660		

別表8⑴

5　控除負債利子

　関連法人株式等については控除負債利子をマイナスする必要がありますので、そのために必要な情報を記載します。

　控除される負債の利子の額は、その配当等の額の4％相当額とします。ただし、適用事業年度の支払利子等の額の合計額の10％相当額を上限とする特例を選択することで適用できます。

　この特例を選択する場合は、適用年度の支払利子等の合計額を記載して、その10％が控除額の上限になります。その際は、支払利子控除額の計算の欄の「適用・不適用」の「適用」側に○を付します。

　説例の場合は、関連法人株式等に係る配当等の600,000円の4％である24,000円よりも当期の支払利子等の66,660円の10％相当である6,666円の方が少ないので、特例を適用して6,666円が控除負債利子となります。

6　減算できる金額　　　　　　　　　　　　　　➡ ワーク3

　受取配当等の益金不算入額の合計額が記載されます。

　この金額が所得金額算定上、減算される金額となります。

　別表4の「受取配当等の益金不算入額」に転記されます。

別表
8
(1)

別表パッと見 瞬殺ワーク

申告書の実例を見て、パッと見で何に注意したらよいのかワークを行ってみましょう。

ワーク1 どこから配当をもらっているのか

ワーク2 出資割合はどの程度か

				受 取 配 当 等 の 額 の 明 細				
完全子法人株式等	法 人 名	6	ネット教育プロ					計
	本 店 の 所 在 地	7	東京都新宿区					
	受取配当等の額の計算期間	8	XX・9・1 XX・8・31	・ ・	・ ・	・ ・		
	受 取 配 当 等 の 額	9	8,000,000	円	円	円	円	8,000,000 円
関連法人株式等	法 人 名	10	オンデマンド研修					計
	本 店 の 所 在 地	11	東京都品川区					
	受取配当等の額の計算期間	12	XX・1・1 XX・12・31	・ ・	・ ・	・ ・		
	保 有 割 合	13	40.000					
	受 取 配 当 等 の 額	14	600,000 円	円	円	円	円	600,000
	同上のうち益金の額に算入される金額	15						
	益金不算入の対象となる金額 (14)−(15)	16	600,000					600,000
	(34)が「不適用」の場合又は別表八(一)付表「13」が「非該当」の場合 (16)×0.04	17						
	同上 (16) (16の計)	18	1.000					1.000
	支払利子等の10%相当額 ((38)×0.1)又は(別表八(一)付表「14」)×(18)	19	6,666 円					6,666
	受取配当等の額から控除する支払利子等の額 (17)又は(19)	20	6,666					6,666
その他株式等	法 人 名	21						計
	本 店 の 所 在 地	22						
	保 有 割 合	23						
	受 取 配 当 等 の 額	24	円	円	円	円	円	
	同上のうち益金の額に算入される金額	25						
	益金不算入の対象となる金額 (24)−(25)	26						
非支配目的株式等	法 人 名 又 は 銘 柄	27	PONY					計
	本 店 の 所 在 地	28						
	基 準 日 等	29	XX・6・30	・ ・	・ ・	・ ・		
	保 有 割 合	30	0.100					
	受 取 配 当 等 の 額	31	60,000 円	円	円	円	円	60,000
	同上のうち益金の額に算入される金額	32						
	益金不算入の対象となる金額 (31)−(32)	33	60,000					60,000

ネット教育プロは100％子会社で、8,000,000円配当をもらっているんだな。

オンデマンド研修は40％の出資だから、関連法人株式等に該当するな。

PONY株は持っているようだけど、5％以下のようだな。

ワーク3 結局いくら減算できるのか

受 取 配 当 等 の 益 金 不 算 入 額 (1)+((2)−(20の計))+(3)×50%+(4)×(20% 又は40%)	5	8,605,334

会社全体では8,605,334円の減算ができるようだな。
別表4でも確認しておこう。

〈別表4〉

減	受 取 配 当 等 の 益 金 不 算 入 額 (別表八(一)「13」又は「26」)	14	8,605,334		※	8,605,334

別表 8 (1)

Lesson 8 別表11⑴
—不良債権への引当状況—

個別評価金銭債権に係る貸倒引当金の損金算入に関する明細書	事業年度	令和 X1・4・1 令和 X2・3・31	法人名	CSセミナー株式会社			別表十一(一)
債務者	住 所 又 は 所 在 地	1					計
	氏 名 又 は 名 称 （外国政府等の別）	2	㈲ビジュアル撮影	㈱講師派遣プロ	( )	( )	
個 別 評 価 の 事 由		3	令第96条第1項第3号ｲ該当	令第96条第1項第3号ﾛ該当	令第96条第1項第 号 該当	令第96条第1項第 号 該当	
同 上 の 発 生 時 期		4	XX・4・26	XX・6・20	・ ・	・ ・	
当 期 繰 入 額		5	円 1,800,000	円 3,000,000	円	円	円 4,800,000
繰入限度額の計算	個 別 評 価 金 銭 債 権 の 額	6	1,800,000	3,000,000			4,800,000
	(6)のうち5年以内に弁済される金額 （令第96条第1項第1号に該当する場合）	7					
	(6)のうち取立て等の見込額 担保権の実行による取立て等の見込額	8					
	他の者の保証による取立て等の見込額	9					
	その他による取立て等の見込額	10					
	(8)＋(9)＋(10)	11					
	(6)のうち実質的に債権とみられない部分の金額	12					
	(6)－(7)－(11)－(12)	13	1,800,000	3,000,000			
繰入限度額	令第96条第1項第1号該当 (13)	14					円
	令第96条第1項第2号該当 (13)	15					
	令第96条第1項第3号該当 (13) × 50 %	16	900,000	1,500,000			2,400,000
	令第96条第1項第4号該当 (13) × 50 %	17					
繰 入 限 度 超 過 額 (5)－((14)、(15)、(16)又は(17))		18	900,000	1,500,000			2,400,000
貸倒実績率の計算の基礎となる金額の明細	貸倒れによる損失の額等の合計額に加える金額 ((6)の個別評価金銭債権が売掛債権等である場合の(5)と((14)、(15)、(16)又は(17))のうち少ない金額)	19	900,000	1,500,000			2,400,000
	前期の個別評価金銭債権の額 （前期の(6)）	20					
	(20)の個別評価金銭債権が売掛債権等である場合の当該個別評価金銭債権に係る損金算入額 （前期の(19)）	21					
	(21)に係る売掛債権等が当期において貸倒れとなった場合のその貸倒れとなった金額	22					
	(21)に係る売掛債権等が当期においても個別評価の対象となった場合のその対象となった金額	23					
	(22)又は(23)に金額の記載がある場合の(21)の金額	24					

別表11(1)

POINT

✓ 個別の不良債権の発生状況がわかる！
✓ 十分な貸倒引当金を計上しているかわかる！

※ 設例では、別表11⑴のみ中小法人を前提として作成（他の別表は大法人を前提として作成）しているので、別表4、別表5⑴、別表11（1の2）とは整合していません。

ここだけ理解　別表11⑴

◆ 個別評価の引当金が個別に記載される

別表11⑴は貸倒引当金のうち、個別評価に関する貸倒引当金の発生状況を記載する別表です。

会社は、将来の貸倒れに備えて貸倒引当金の計上を行いますが、法人税法上は、計上方法を2つ定めています。

　　　個別評価……一定の事象が生じている場合に個別の債権を評価して設定する貸倒引当金

　　　一括評価……期末の一括評価対象の金銭債権に一定の率を乗じて設定する貸倒引当金

別表11⑴は、個別評価の貸倒引当金を計算する別表なので、各債権先の不良債権化している個別の事情と金額を把握することができます。

次の**Lesson 9**で説明する**別表11(1の2)**には一括評価に関する貸倒引当金の発生状況が記載されます。

◆ 個別評価の発生事由には何があるか

別表11⑴の対象となる個別評価金銭債権とは、次の事象が発生している金銭債権をいいます。

どの事象が発生しているかは、別表11⑴の「個別評価の事由」の欄に記載されますが、そこには法令番号を記載する必要があるので、法令番号をもとに確認ができます。

個別評価による繰入れが認められる事由は以下の通りです。

① **弁済猶予等があった場合**
　・会社更生法等による更生計画認可の決定
　・民事再生法等による再生計画認可の決定
　・会社法の特別清算による協定の認可の決定
　・債権者集会等による協議決定

② **債務超過が継続し、一部取り立て等の見込みがない場合**

③　形式基準による場合

・会社更生法等による更生手続開始の申立て

・民事再生法等による再生手続開始の申立て

・破産法による破産手続開始の申立て

・会社法による特別清算開始の申立て

・手形変換所等による取引停止処分

④　外国の政府、地方公共団体が長期の債務履行遅滞に陥った場合

＋プラス スタディ　貸倒引当金を計上できる会社は制限されている

　個別評価と一括評価のいずれの計算方法についても、貸倒引当金を設定できる会社は銀行や保険会社等と、中小法人等に限定されます。つまり、銀行や保険会社等以外の大法人は、法人税法上、貸倒引当金の繰入れが損金として扱われません。

　そのため、大法人の中でも監査法人の監査を受けていない会社などが税務処理に合わせて会計処理をした場合、貸倒引当金の計上をしない懸念もあります。貸倒引当金を計上しても税務上認められないので、あえて計上しない処理を選択する場合です。この場合、本来引き当てるべき貸倒引当金が計上されずに、決算書で引当て不足になっている可能性があります。

　今回の設例の別表11(1)は、貸倒引当金の計上が税務上可能な会社（中小法人）であるという前提で作成しています。他の別表は大法人という前提で作成していますので、別表11(1)の分だけ、別表４、別表５(1)、別表11（１の２）と整合していませんので、その点留意して下さい。

☑ ここだけはチェック！

　法人税法上、貸倒引当金の計上が認められる会社は限られているのね。

　税務に合わせて経理処理をしていると、決算上は引当て不足の可能性があるから要注意ね。

個別評価金銭債権に係る貸倒引当金の損金算入に関する明細書			事業年度	令和X1・4・1 令和X2・3・31	法人名	CSセミナー株式会社		別表十一(一)

1	債務者	住 所 又 は 所 在 地	1					計
		氏 名 又 は 名 称 （外国政府等の別）	2	㈲ビジュアル撮影 （　　）	㈱講師派遣プロ （　　）	（　　）	（　　）	
		個 別 評 価 の 事 由	3	令第96条第1項 第3号ヘ該当	令第96条第1項 第3号ヘ該当	令第96条第1項 第　号　該当	令第96条第1項 第　号　該当	
		同 上 の 発 生 時 期	4	XX・4・26	XX・6・20	・　・	・　・	
2	当 期 繰 入 額		5	円 1,800,000	円 3,000,000	円	円	円 4,800,000
3	個 別 評 価 金 銭 債 権 の 額		6	1,800,000	3,000,000			4,800,000
	繰入限度額の	(6)のうち5年以内に弁済される金額 （令第96条第1項第1号に該当する場合）	7					
		(6)のうち取立て等の見込額｜担保権の実行による取立て等の見込額	8					
		他の者の保証による取立て等の見込額	9					
		その他による取立て等の見込額	10					
		(8)＋(9)＋(10)	11					
		(6)のうち実質的に債権とみられない部分の金額	12					
		(6)－(7)－(11)－(12)	13	1,800,000	3,000,000			
4	繰入限度額の計算	令第96条第1項第1号該当 (13)	14					円
		令第96条第1項第2号該当 (13)	15					
		令第96条第1項第3号該当 (13) × 50 ％	16	900,000	1,500,000			2,400,000
		令第96条第1項第4号該当 (13) × 50 ％	17					
5	繰 入 限 度 超 過 額 (5)－((14)、(15)、(16) 又は(17))		18	900,000	1,500,000			2,400,000
	貸倒実績率の計算の基礎となる金額の明細	貸倒れによる損失の額等の合計額に加える金額（(6)の個別評価金銭債権が売掛債権等である場合の(5)と((14)、(15)、(16)又は(17))のうち少ない金額）	19	900,000	1,500,000			2,400,000
		貸倒れ額に係る控除する金額等の｜前期の個別評価金銭債権の額（前期の(6)）	20					
		(20)の個別評価金銭債権が売掛債権等である場合の当該個別評価金銭債権に係る損金算入額（前期の(19)）	21					
		(21)に係る売掛債権等が当期において貸倒れとなった場合のその貸倒れとなった金額	22					
		(21)に係る売掛債権等が当期においても個別評価の対象となった場合のその対象となった金額	23					
		(22) 又は(23)に金額の記載がある場合の(21)の金額	24					

別表11⑴

1 発 生 原 因

どのような原因で貸倒引当金を計上しているかがわかります。

■ 計上が認められる例示

・更生手続き開始の申立て

・民事再生手続き開始の申立て

・破産手続き開始の申立て

・手形交換所の取引停止処分

・債務者の債務超過が相当期間継続して、事業好転が見込めない

🔍 自社のチェッカーとしての視点

　発生している事由が、法人税法上損金算入が認められる内容かどうかは、その内容を証明する資料等を取り寄せることで判断しましょう。

　口頭だけの確認では、後日、税務調査が行われて回答する場合に、証跡がないこととして取り扱われることになるので、必ず文書を入手するようにしましょう。

　「発生時期」を記入する欄もあります。事象の発生時期が、事業年度内なのかどうかによって、その事業年度の損金として認められるか、認められないかが異なってきますので、入手した文書をもとに日付を特定しましょう。

🔍 他社の申告書を見る時の視点

　「個別評価の事由」の欄に法令番号が記載されますので、それを参考に具体的にどのような事象が発生したのかを確認しましょう。

別表11(1)

個別評価金銭債権に係る貸倒引当金の損金算入に関する明細書

| | | 事業年度 | 令和X1・4・1 令和X2・3・31 | 法人名 | CSセミナー株式会社 | 別表十一(一) |

1

	債務者				前田ビジュアル撮影	㈱講師派遣プロ	( )	( )	計
		住 所 又 は 所 在 地	1						
		氏 名 又 は 名 称 （外国政府等の別）	2	( )	( )	( )	( )	
		個 別 評 価 の 事 由	3	令第96条第1項第3号ヘ該当	令第96条第1項第3号ヘ該当	令第96条第1項第 号該当	令第96条第1項第 号該当	
		同 上 の 発 生 時 期	4	XX・4・26	XX・6・20	・ ・	・ ・	

2

| 当 期 繰 入 額 | 5 | 円 1,800,000 | 円 3,000,000 | 円 | 円 | 円 4,800,000 |

3

| 個 別 評 価 金 銭 債 権 の 額 | 6 | 1,800,000 | 3,000,000 | | | 4,800,000 |

	繰入限度額の	(6)のうち5年以内に弁済される金額（令第96条第1項第1号に該当する場合）	7					
		(6)のうち取立て等の見込額 担保権の実行による取立て等の見込額	8					
		他の者の保証による取立て等の見込額	9					
		その他による取立て等の見込額	10					
		(8)＋(9)＋(10)	11					
		(6)のうち実質的に債権とみられない部分の金額	12					
		(6)－(7)－(11)－(12)	13	1,800,000	3,000,000			

4

	繰入限度額の算定	令第96条第1項第1号該当 (13)	14					円
		令第96条第1項第2号該当 (13)	15					
		令第96条第1項第3号該当 (13)×50％	16	900,000	1,500,000			2,400,000
		令第96条第1項第4号該当 (13)×50％	17					

5

| 繰 入 限 度 超 過 額 (5)－((14)、(15)、(16)又は(17)) | 18 | 900,000 | 1,500,000 | | | 2,400,000 |

	貸倒実績率の計算の基礎となる金額の明細	貸倒れによる損失の額等の合計額に加える金額 ((6)の個別評価金銭債権が売掛債権等である場合の(5)と((14)、(15)、(16)又は(17))のうち少ない金額)	19	900,000	1,500,000			2,400,000
		合計額から控除する金額 前期の個別評価金銭債権の額（前期の(6)）	20					
		(20)の個別評価金銭債権が売掛債権等である場合の当該個別評価金銭債権に係る損金算入額（前期の(19)）	21					
		(21)に係る売掛債権等が当期において貸倒れとなった場合のその貸倒れとなった金額	22					
		(21)に係る売掛債権等が当期においても個別評価の対象となった場合のその対象となった金額	23					
		(22)又は(23)に金額の記載がある場合の(21)の金額	24					

② 会計上の貸倒引当金計上額

実際に会計上繰入れをした個別評価に関する貸倒引当金の金額が記載されます。

別表11(1の2)の一括評価に関する貸倒引当金の当期繰入額の金額との合計が、貸借対照表の貸倒引当金の金額と一致します。

🔍 自社のチェッカーとしての視点

別表11(1)と別表11(1の2)の当期繰入額の合計と、貸借対照表の貸倒引当金の金額が一致しているか確認しましょう。

③ 対象債権はどのくらい　　　　　➡ ワーク2

個別評価の対象となった債権金額が、案件別に記載されます。合計の欄は、会社全体での個別評価の対象となった債権の合計額です。

いくらくらいの不良債権があるのかが、わかります。

決算書を見て、債権合計と不良債権の合計金額とのバランスをチェックして、不良債権が債権の残高に占める割合を把握してみましょう。

④ 法人税法上の繰入限度額

個別の債権ごとに、法人税法上損金として認められる金額が記載されます。

不良債権の合計金額に対して、何割くらいの引当てが法人税法上認められるのかをチェックすることができます。

個別評価金銭債権に係る貸倒引当金の損金算入に関する明細書		事業年度	令和X1・4・1 令和X2・3・31	法人名	CSセミナー株式会社			別表十一 ㈠

1 債務者

住 所 又 は 所 在 地	1					計
氏 名 又 は 名 称 （外国政府等の別）	2	㈲ビジュアル撮影（　　）	㈱講師派遣プロ（　　）	（　　）	（　　）	
個 別 評 価 の 事 由	3	令第96条第1項 第3号ヽ該当	令第96条第1項 第3号ヽ該当	令第96条第1項 第　号　該当	令第96条第1項 第　号　該当	
同 上 の 発 生 時 期	4	XX・4・26	XX・6・20	・　・	・　・	

2

当 期 繰 入 額	5	円 1,800,000	円 3,000,000	円	円	円 4,800,000

3

個 別 評 価 金 銭 債 権 の 額	6	1,800,000	3,000,000			4,800,000

繰入限度額の	(6)のうち5年以内に弁済される金額 （令第96条第1項第1号に該当する場合）	7					
	(6)のうち取立て等の見込額 担保権の実行による取立て等の見込額	8					
	他の者の保証による取立て等の見込額	9					
	その他による取立て等の見込額	10					
	(8)＋(9)＋(10)	11					
	(6)のうち実質的に債権とみられない部分の金額	12					
	(6)－(7)－(11)－(12)	13	1,800,000	3,000,000			

4

繰入限度額 算	令第96条第1項第1号該当 (13)	14					円
	令第96条第1項第2号該当 (13)	15					
	令第96条第1項第3号該当 (13) × 50％	16	900,000	1,500,000			2,400,000
	令第96条第1項第4号該当 (13) × 50％	17					

5

繰 入 限 度 超 過 額 (5) －((14)、(15)、(16) 又は(17))	18	900,000	1,500,000			2,400,000

貸倒実績率の計算の基礎となる金額の明細	貸倒れによる損失の額等の合計額に加える金額 ((6)の個別評価金銭債権が売掛債権等である場合の(5)と((14)、(15)、(16)又は(17))のうち少ない金額)	19	900,000	1,500,000			2,400,000
	貸倒れ額からよる控除する金額の合計額 前期の個別評価金銭債権の額 （前期の(6)）	20					
	(20)の個別評価金銭債権が売掛債権等である場合の当該個別評価金銭債権に係る損金算入額 （前期の(19)）	21					
	(21)に係る売掛債権等が当期において貸倒れとなった場合のその貸倒れとなった金額	22					
	(21)に係る売掛債権等が当期においても個別評価の対象となった場合のその対象となった金額	23					
	(22)又は(23)に金額の記載がある場合の(21)の金額	24					

法人税法上認められている金額よりも多めに引当てがされている場合に、超過額（加算）が発生します。

保守的に経理を行う場合、法人税法上の限度額よりも多めに引当金を計上するので、繰入限度超過額が発生します。

他社の申告書を見る時の視点

「当期繰入額」と「個別評価金銭債権の額」とを比較します。両者の金額に大きな差がなければ保守的に引当て計上していることが想定されます。「当期繰入額」と「繰入限度額」とに大きな差額があるようでしたら、保守的に引当計上をしていない可能性がありますので、引当て不足を疑う必要があるかもしれません。

仮に「繰入限度額」よりも「当期繰入額」が少ない場合は、引当金の計上が十分でない、場合によっては粉飾して本来計上すべき貸倒引当金を計上していないことが予想されます。

✓ ここだけはチェック！

法人税法上の繰入限度額以下の引当金しか計上されていない場合は、引当不足を疑う必要がありそうだな。

別表11⑴

別表パッと見 瞬殺ワーク

申告書の実例を見て、パッと見で何に注意したらよいのかワークを行ってみましょう。

ワーク1 どんな事象が発生しているのか

1

債務者	住　所　又　は　所　在　地	1		
	氏　名　又　は　名　称 （外 国 政 府 等 の 別）	2	㈲ビジュアル撮影 （　　　）	㈱講師派遣プロ （　　　）
	個　別　評　価　の　事　由	3	令第96条第1項 第3号ｲ該当	令第96条第1項 第3号、該当
	同　上　の　発　生　時　期	4	XX・4・26	XX・6・20

> 個別評価の事由の法令番号をあたってみよう。
> 具体的には、民事再生法の再生手続開始の申立てや、破産手続開始の申立てが行われたみたいね。

ワーク2 個別評価の引当て対象となる不良債権は合計でいくらあるのだろうか

3

個　別　評　価　金　銭　債　権　の　額	6	1,800,000	3,000,000		4,800,000

> 個別評価の引当対象は合計で4,800,000円あるようね。

ワーク3 引当金は十分に計上されているのだろうか

5

当　　期　　繰　　入　　額	5	円 1,800,000	円 3,000,000	円	円	円 4,800,000
個　別　評　価　金　銭　債　権　の　額	6	1,800,000	3,000,000			4,800,000

計算	繰入限度額	令第96条第1項第1号該当 (13)	14					円
		令第96条第1項第2号該当 (13)	15					
		令第96条第1項第3号該当 (13) × 50％	16	900,000	1,500,000			2,400,000
		令第96条第1項第4号該当 (13) × 50％	17					
繰　入　限　度　超　過　額 (5) － ((14)、(15)、(16) 又は (17))			18	900,000	1,500,000			2,400,000

> 個別評価の引当て対象は合計で4,800,000円なのに対して、繰入限度額は2,400,000円のようね。それに対して、当期繰入額は4,800,000円と引当て対象の満額を引き当てているので、十分に引当金が計上されているみたいだわ。

別表11(1)

Part 3 この別表を見たらわかること

Lesson 9　別表11（1の2）
—一括評価の貸倒引当金の設定状況—

一括評価金銭債権に係る貸倒引当金の損金算入に関する明細書	事業年度 令和X1·4·1 令和X2·3·31	法人名 CSセミナー株式会社	別表十一(一の二)

繰入限度額の計算	当　期　繰　入　額	1	10,000,000 円
	期末一括評価金銭債権の帳簿価額の合計額（23の計）	2	300,000,000 円
	貸　倒　実　績　率（16）	3	0.0169
	実質的に債権とみられないものの額を控除した期末一括評価金銭債権の帳簿価額の合計額（25の計）	4	300,000,000 円
	法　定　の　繰　入　率	5	1,000
	繰　入　限　度　額　((2)×(3))又は((4)×(5))	6	5,070,000 円
	公益法人等・協同組合等の繰入限度額　(6)×102/100	7	
	繰　入　限　度　超　過　額　(1)－((6)又は(7))	8	4,930,000 円

貸倒実績率の計算	前3年内事業年度（設立事業年度である場合には当該事業年度）の(2)の合計額	9	450,000,000 円
	(9) / 前3年内事業年度における事業年度の数	10	150,000,000
	前3年以内ある場合内事業年度（当該設立事業年度）	売掛債権等の貸倒れによる損失の額の合計額	11	3,600,000
		別表十一(一)「19の計」の合計額	12	9,600,000
		別表十一(一)「24の計」の合計額	13	5,600,000
		貸倒れによる損失の額等の合計額　(11)＋(12)－(13)	14	7,600,000
	(14)× 12 / 前3年内事業年度における事業年度の月数の合計	15	2,533,333
	貸　倒　実　績　率　(15)/(10)　(小数点以下4位未満切上げ)	16	0.0169

一　括　評　価　金　銭　債　権　の　明　細

勘定科目	期末残高	売掛債権等とみなされる額及び貸倒否認額	(17)のうち税務上貸倒れとなったものとみなされる額及び売掛債権等に該当しないものの額	個別評価の対象となった額等、及び非適格合併等により合併法人等に移転する売掛債権等の額	法第52条第1項第3号に該当する法人の当該第96条第6項各号の金銭債権以外の額	完全支配関係がある他の法人に対する売掛債権等の額	期末一括評価金銭債権の額 (17)＋(18)－(19)－(20)－(21)－(22)	実質的に債権とみられないものの額	差引期末一括評価金銭債権の額 (23)－(24)
	17	18	19	20	21	22	23	24	25
売掛金	300,000,000 円	円	円	円	円	円	300,000,000 円	円	300,000,000 円
計	300,000,000						300,000,000		300,000,000

基準年度の実績により実質的に債権とみられないものの額を計算する場合の明細

平成27年4月1日から平成29年3月31日までの間に開始した各事業年度末の一括評価金銭債権の額の合計額	26	円	債権からの控除割合 (27)/(26)　(小数点以下3位未満切捨て)	28	
同上の各事業年度末の実質的に債権とみられないものの額の合計額	27		実質的に債権とみられないものの額 (23の計)×(28)	29	円

別表11 (1の2)

POINT

✓ 一般債権に対する貸倒引当金の設定状況がわかる！
✓ 過去の貸倒実績率がわかる！

※　設例では、大法人のうち貸倒引当金の計上が法人税法上認められる会社という前提で別表を作成しています。

ここだけ理解　別表11（1の2）

◆ 個別ではなく、一括して計算する貸倒引当金

　別表11（1の2）は貸倒引当金のうち、一括評価金銭債権に対する貸倒引当金の発生状況が記載されます。

　一定の事象が発生している金銭債権に対しては、個別評価による貸倒引当金が設定され、その場合は別表11（1）が作成されます。

　個別評価の対象にならない金銭債権に対しては、一括評価による貸倒引当金を別表11（1の2）で計算します。

　別表11（1）（Lesson 8） で個別評価による貸倒引当金の計上が法人税法上認められる会社の範囲について説明しましたが、一括評価の貸倒引当金も適用が認められるのは銀行や保険会社等と、中小法人等に限定されます。業種が銀行業か保険業などに限られますので、大多数の大法人は、税務上は一括評価による貸倒引当金の計上は認められていません。

◆ 過去3年の貸倒実績率が基本だが、簡便的な方法もある

　次に、一括評価による貸倒引当金が認められる場合の計算方法ですが、以下の方法で繰入限度額の計算を行います。

> 繰入限度額　＝　期末の一括評価金銭債権の帳簿価額　×　貸倒実績率

貸倒実績率は以下のいずれかの方法で計算します。

　　原則：過去3年間の貸倒れの実績率
　　特例：業種別の法定繰入率

　特例による計算は、中小法人等（ただし、資本金の額または出資金の額が5億円以上の法人による完全支配関係のある法人等は除きます。）にしか認められていません。

　そのため、大法人で貸倒引当金を計上することができる法人は、実績率で計算する方法しか認められていません。

別表
11
(1の2)

　中小法人等の場合は、一括評価の貸倒引当金の繰入限度額の算定に際して、法定繰入率の適用が可能です。

　貸倒実績率と法定繰入率のいずれか有利な方を適用することができますが、実務上は貸倒実績率を算定するのが面倒ということで、法定繰入率を適用している会社は多いです。

　事業の区分ごとの法定繰入率は、次の通りです。

事　　　業	法定繰入率
卸売・小売業	1.0%
製造業	0.8%
金融・保険業	0.3%
割賦販売小売業等	0.7%
その他の事業	0.6%

　兼業をしている会社の場合は、売上規模や従業員数等に基づいて、主たる事業を判定して、その主たる事業の法定繰入率を適用します。

別表
11
(1の2)

一括評価金銭債権に係る貸倒引当金の損金算入に関する明細書			事 業 年 度	令和X1・4・1 令和X2・3・31	法人名	ＣＳセミナー株式会社			別表十一(一)の二

1

当 期 繰 入 額	1	10,000,000 円

3

繰 入 限 度 額 の 計 算	期末一括評価金銭債権の帳簿価額の合計額（23の計）	2	300,000,000
	貸 倒 実 績 率（16）	3	0.0169
	実質的に債権とみられないものの額を控除した期末一括評価金銭債権の帳簿価額の合計額（25の計）	4	300,000,000 円
	法 定 の 繰 入 率	5	$\dfrac{}{1,000}$
	繰 入 限 度 額（(2)×(3)) 又は((4)×(5))	6	5,070,000 円
	公益法人等・協同組合等の繰入限度額 (6)×$\dfrac{102}{100}$	7	

6

繰 入 限 度 超 過 額 (1)-((6) 又は(7))	8	4,930,000

2

貸 倒 実 績 率 の 計 算	前3年内事業年度（設立事業年度である場合には当該事業年度）の(2)の合計額	9	450,000,000 円
	$\dfrac{(9)}{\text{前3年内事業年度における事業年度の数}}$	10	150,000,000
	前3年内事業年度（設立事業年度である場合には当該事業年度）の	売掛債権等の貸倒れによる損失の額の合計額	11	3,600,000
		別表十一（一）「19の計」の合計額	12	9,600,000
		別表十一（一）「24の計」の合計額	13	5,600,000
	貸倒れによる損失の額等の合計額 (11)+(12)-(13)	14	7,600,000
	(14)×$\dfrac{12}{\text{前3年内事業年度における事業年度の月数の合計}}$	15	2,533,333
	貸 倒 実 績 率 $\dfrac{(15)}{(10)}$（小数点以下4位未満切上げ）	16	0.0169

一 括 評 価 金 銭 債 権 の 明 細

5

勘 定 科 目	期 末 残 高	売掛債権等とみなされる額及び貸倒否認額	(17)のうち税務上貸倒れがあったものとみなされる額及び売掛債権等に該当しないものの額	個別評価の対象となった売掛債権等及び非適格合併等により合併法人等に移転する売掛債権等の額	法第52条第1項第3号に該当する法人の令第96条第9項各号の金銭債権以外の金銭債権の額	完全支配関係がある他の法人に対する売掛債権等の額	期末一括評価金銭債権の額 (17)+(18)-(19)-(20)-(21)-(22)	実質的に債権とみられないものの額	差引期末一括評価金銭債権の額 (23)-(24)
	17	18	19	20	21	22	23	24	25
	円	円	円	円	円	円	円	円	円
売 掛 金	300,000,000						300,000,000		300,000,000
計	300,000,000						300,000,000		300,000,000

4

基準年度の実績により実質的に債権とみられないものの額を計算する場合の明細

平成27年4月1日から平成29年3月31日までの間に開始した各事業年度末の一括評価金銭債権の額の合計額	26	円	債権からの控除割合 $\dfrac{(27)}{(26)}$（小数点以下3位未満切捨て）	28	
同上の各事業年度末の実質的に債権とみられないものの額の合計額	27		実質的に債権とみられないものの額 (23の計)×(28)	29	円

1 繰 入 額

個別評価による貸倒引当金以外に、経理処理上、繰り入れられた一括評価による貸倒引当金の金額が記載されます。

2 過 去 実 績 ➡ ワーク1

前期以前3年間での貸倒実績率が記載されます。

他社の申告書を見る時の視点

　過去3年間の実績に基づく貸倒実績率が記載されます。

　債権管理の状況を知る情報源となります。

　また、過去数年間の別表11(1の2)における貸倒実績率の推移を見ていくと、債権の回収状況が悪化しているのか良化しているのかがわかります。

3 法定繰入率

中小法人等の場合は実績率に代えて、業種別の法定繰入率を適用できます。

- ・卸売業および小売業……… 1%
- ・製造業…………………………0.8%
- ・金融業および保険業………0.3%
- ・割賦販売小売業等…………0.7%
- ・その他………………………0.6%

別表
11
(1の2)

自社のチェッカーとしての視点

　中小法人等の場合、法定繰入率が使えるので貸倒実績率を算出していないケースも見られますが、限度額が多くなる方を適用することでタックスメリットが出せますので、貸倒実績率も出すようにしましょう。

　自社の債権管理の状況を認識しておくためにも、貸倒実績率を出す仕組みを構築しておきましょう。

一括評価金銭債権に係る貸倒引当金の損金算入に関する明細書

事業年度	令和X1・4・1 令和X2・3・31	法人名	ＣＳセミナー株式会社

別表十一の二

1

当 期 繰 入 額	1	10,000,000 円
期末一括評価金銭債権の帳簿価額の合計額 (23の計)	2	300,000,000

3

繰入限度額の計算

繰 入 率	貸 倒 実 績 率 (16)	3	0.0169
	実質的に債権とみられないものの額を控除した期末一括評価金銭債権の帳簿価額の合計額 (25の計)	4	300,000,000 円
	法 定 の 繰 入 率	5	___/1,000
	繰 入 限 度 額 ((2)×(3))又は((4)×(5))	6	5,070,000 円
	公益法人等・協同組合等の繰入限度額 (6)×102/100	7	

6

繰 入 限 度 超 過 額 (1)－((6)又は(7))	8	4,930,000 円

貸倒実績率の計算

前3年内事業年度(設立事業年度である場合には当該事業年度)の(2)の合計額	9	450,000,000 円
(9) / 前3年内事業年度における事業年度の数	10	150,000,000
前3年内事業年度の	売掛債権等の貸倒れによる損失の額の合計額	11	3,600,000
である場合には当該事業年度〜設立事業年度)の	別表十一(一)「19の計」の合計額	12	9,600,000
	別表十一(一)「24の計」の合計額	13	5,600,000
	貸倒れによる損失の額等の合計額 (11)＋(12)－(13)	14	7,600,000
(14)× 12 / 前3年内事業年度における事業年度の月数の合計	15	2,533,333
貸 倒 実 績 率 (15)/(10) (小数点以下4位未満切上げ)	16	0.0169

5

一 括 評 価 金 銭 債 権 の 明 細

勘定科目	期末残高	売掛債権等とみなされる額及び貸倒否認額	(17)のうち税務上貸倒れがあったものとみなされる額及び売掛債権等に該当しないものの額	個別評価の対象となった売掛債権等の額及び非適格合併等により合併法人等に移転する売掛債権等の額	法第52条第1項第3号に該当する法人の令第96条第9項各号の金銭債権以外の金銭債権の額	完全支配関係がある他の法人に対する売掛債権等の額	期末一括評価金銭債権の額 (17)＋(18)－(19)－(20)－(21)－(22)	実質的に債権とみられないものの額	差引期末一括評価金銭債権の額 (23)－(24)
	17	18	19	20	21	22	23	24	25
売掛金	300,000,000 円	円	円	円	円	円	300,000,000 円	円	300,000,000 円
計	300,000,000						300,000,000		300,000,000

4

基準年度の実績により実質的に債権とみられないものの額を計算する場合の明細

平成27年4月1日から平成29年3月31日までの間に開始した各事業年度末の一括評価金銭債権の額の合計額	26	円	債権からの控除割合 (27)/(26) (小数点以下3位未満切捨て)	28	
同上の各事業年度末の実質的に債権とみられないものの額の合計額	27		実質的に債権とみられないものの額 (23の計)×(28)	29	円

別表11 (1の2)

4 対象となった債権の明細

貸倒引当金の対象となった一括評価金銭債権の明細が記載されます。

勘定科目と期末残高は、貸借対照表に計上されている勘定科目、金額と一致します。そのうち、個別評価の対象になったもの等が、一括評価による貸倒引当金の対象債権から除外されます。

5 100％資本関係の会社に対する債権の取扱い

完全支配関係がある他の法人に対する金銭債権は、貸倒引当金の対象となる個別評価金銭債権および一括評価金銭債権に含まれません。

そのため、完全支配関係がある法人向けの売掛金等がある場合は、「完全支配関係がある他の法人に対する売掛債権等の額」の欄に金額が記載されます。

他社の申告書を見る時の視点

売掛金残高に占める「完全支配関係がある他の法人に対する売掛債権等の額」の割合が高い場合は、100％資本関係のある親会社や子会社への取引依存度が高いことが想定されます。

前期末と比較して金額が金額あるいは割合が大きい場合は、決算期末に多くの取引がされていることが推察されます。あるいは、完全支配関係がある会社への債権の焦げ付きが生じている可能性もあるので、グループ間取引について注視する必要がありますね。

別表
11
(1の2)

−125−

一括評価金銭債権に係る貸倒引当金の損金算入に関する明細書			事業年度	令和X1・4・1 令和X2・3・31	法人名	ＣＳセミナー株式会社			別表十一（一の二）

①	当 期 繰 入 額	1	10,000,000 円	前3年内事業年度（設立事業年度である場合には当該事業年度）の(2)の合計額	9	450,000,000 円
	期末一括評価金銭債権の帳簿価額の合計額 (23の計)	2	300,000,000	$\dfrac{(9)}{\text{前3年内事業年度における事業年度の数}}$	10	150,000,000
繰入限度額の計算	貸 倒 実 績 率 (16)	3	0.0169	売掛債権等の貸倒れによる損失の額の合計額	11	3,600,000
③	実質的に債権とみられないものの額を控除した期末一括評価金銭債権の帳簿価額の合計額 (25の計)	4	300,000,000 円	別表十一（一）「19の計」の合計額	12	9,600,000
	法 定 の 繰 入 率	5	$\dfrac{}{1,000}$	別表十一（一）「24の計」の合計額	13	5,600,000
	繰 入 限 度 額 ((2)×(3)) 又は((4)×(5))	6	5,070,000 円	貸倒れによる損失の額等の合計額 (11)+(12)-(13)	14	7,600,000
	公益法人等・協同組合等の繰入限度額 (6)×$\dfrac{102}{100}$	7		(14)×$\dfrac{12}{\text{前3年内事業年度における事業年度の月数の合計}}$	15	2,533,333
⑥	繰 入 限 度 超 過 額 (1)-((6)又は(7))	8	4,930,000	貸 倒 実 績 率 $\dfrac{(15)}{(10)}$ （小数点以下4位未満切上げ）	16	0.0169

一 括 評 価 金 銭 債 権 の 明 細

勘定科目	期末残高	売掛債権等とみなされる額及び貸倒否認額	(17)のうち税務上貸倒れがあったものとみなされる額及び売掛債権等に該当しないものの額	個別評価の対象となった売掛債権等の額及び売掛債権等の額に移転する売掛債権等の額	法第52条第1項第3号に該当する法人の令第96条第9項各号の金銭債権以外の金銭債権の額	完全支配関係がある他の法人に対する売掛債権等の額	期末一括評価金銭債権の額 (17)+(18)-(19)-(20)-(21)-(22)	実質的に債権とみられないものの額	差引期末一括評価金銭債権の額 (23)-(24)
	17	18	19	20	21	22	23	24	25
売 掛 金	300,000,000 円	円	円	円	円	円	300,000,000 円	円	300,000,000 円
計	300,000,000						300,000,000		300,000,000

基準年度の実績により実質的に債権とみられないものの額を計算する場合の明細

平成27年4月1日から平成29年3月31日までの間に開始した各事業年度末の一括評価金銭債権の額の合計額	26	円	債 権 か ら の 控 除 割 合 $\dfrac{(27)}{(26)}$ （小数点以下3位未満切捨て）	28	
同上の各事業年度末の実質的に債権とみられないものの額の合計額	27		実質的に債権とみられないものの額 (23の計)×(28)	29	円

6 引当余裕度

➡ ワーク2

法人税法上認められている繰入限度額よりも多めに引当計上を実施している場合には、繰入限度超過額が発生します。

繰入限度超過額が発生している場合は、保守的に余裕をもって引当計上していることが想定されます。

逆に、繰入限度額よりも当期繰入額が少ない場合、引当金の計上が十分でないことが予想されます。利益を多く出すために、引当金を計上しないという粉飾が行われている可能性を疑っても良いかもしれません。

☑ ここだけはチェック！

引当金を利用した粉飾は、別表を見れば推測はつきそうだな。

※　設例では、大法人のうち貸倒引当金の計上が法人税法上認められる会社という前提で別表を作成しています。

別表
11
(1の2)

別表パッと見 瞬殺ワーク

申告書の実例を見て、パッと見で何に注意したらよいのかワークを行ってみましょう。

ワーク1　過去の貸倒実績率はどの程度か

2

			円
貸倒実績率の計算（前3年内事業年度である場合には当該事業年度へ設立事業年度）	前3年内事業年度（設立事業年度である場合には当該事業年度）の(2)の合計額	9	450,000,000
	$\dfrac{(9)}{\text{前3年内事業年度における事業年度の数}}$	10	150,000,000
	売掛債権等の貸倒れによる損失の額の合計額	11	3,600,000
	別表十一(一)「19の計」の合計額	12	9,600,000
	別表十一(一)「24の計」の合計額	13	5,600,000
	貸倒れによる損失の額等の合計額 (11) + (12) - (13)	14	7,600,000
	$(14) \times \dfrac{12}{\text{前3年内事業年度における事業年度の月数の合計}}$	15	2,533,333
	貸倒実績率 $\dfrac{(15)}{(10)}$ （小数点以下4位未満切上げ）	16	0.0169

前期以前3年間での貸倒実績率は1.69%のようだ。
過去の申告書を見て、悪化していないか確認しておこう。

別表11
(1の2)

6

			円
当　　期　　繰　　入　　額	1		10,000,000
期 末 一 括 評 価 金 銭 債 権 の 帳 簿 価 額 の 合 計 額 (23 の 計)	2		300,000,000
貸　　倒　　実　　績　　率 (16)	3		0.0169
実質的に債権とみられないもの の額を控除した期末一括評価金 銭債権の帳簿価額の合計額 (25の計)	4		円 300,000,000
法　　定　　の　　繰　　入　　率	5		$\dfrac{}{1,000}$
繰　　入　　限　　度　　額 ((2)×(3)) 又は((4)×(5))	6		円 5,070,000
公 益 法 人 等 ・ 協 同 組 合 等 の 繰 入 限 度 額 $(6) \times \dfrac{102}{100}$	7		
繰　入　限　度　超　過　額 (1)－((6)又は(7))	8		4,930,000

左欄: 繰入限度額の計算

　税務上の限度額5,070,000円に対して、会計上は10,000,000円積んでいるようだ。

　少なくとも過少に計上していることはなさそうだし、ある程度保守的に計上しているかもしれない。

別表
11
(1の2)

Part 3 この別表を見たらわかること

Lesson10 別表14(6) ―グループ内取引の状況―

完全支配関係がある法人の間の取引の損益の調整に関する明細書		事業年度	令和X1・4・1 令和X2・3・31	法人名	ＣＳセミナー株式会社		別表十四(六)
譲 受 法 人 名	1	ネット教育プロ				計	
譲渡損益調整資産の種類	2	土地等					
譲 渡 年 月 日	3	XX・ 8・3'	・ ・	・ ・	・ ・		
譲 渡 収 益 の 額	4	円 26,000,000	円	円	円		
譲 渡 原 価 の 額	5	60,000,000					
調 整 前 譲 渡 利 益 額 (4)－(5) (マイナスの場合は0)	6	0					
圧縮記帳等による損金算入額	7						
譲 渡 利 益 額 (6)－(7)	8	0					
当期が譲渡年度である場合の損金算入額 (8)	9	0				円 0	
譲 渡 損 失 額 (5)－(4) (マイナスの場合は0)	10	34,000,000					
当期が譲渡年度である場合の益金算入額 (10)	11	34,000,000				34,000,000	
譲渡利益額の調整	(8)のうち期首現在で益金の額に算入されていない金額 (前期の(14))	12						
	当 期 益 金 算 入 額	13	簡便法により計算する場合には、(21)又は(25)の金額					
	翌期以後に益金の額に算入する金額 (8)又は(12)－(13)	14						
譲渡損失額の調整	(10)のうち期首現在で損金の額に算入されていない金額 (前期の(17))	15						
	当 期 損 金 算 入 額	16	簡便法により計算する場合には、(22)又は(26)の金額					
	翌期以後に損金の額に算入する金額 (10)又は(15)－(16)	17	34,000,000				34,000,000	
当期に譲受法人において生じた調整事由	18	譲渡・償却 その他( )	譲渡・償却 その他( )	譲渡・償却 その他( )	譲渡・償却 その他( )		
簡便法により損金算入額又は益金算入額を計算する場合	減価償却資産	償 却 期 間 の 月 数 譲渡法人が適用する耐用年数 ×12	19	月	月	月	月		
		当期の月数(当期が譲渡年度である場合には譲渡日から当期の末日までの月数)	20						
		当 期 益 金 算 入 額 (8)×(20)/(19)	21	円	円	円	円		
		当 期 損 金 算 入 額 (10)×(20)/(19)	22						
	繰延資産	支出の効果の及ぶ期間の月数	23	月	月	月	月		
		当期の月数(当期が譲渡年度である場合には譲渡日から当期の末日までの月数)	24						
		当 期 益 金 算 入 額 (8)×(24)/(23)	25	円	円	円	円		
		当 期 損 金 算 入 額 (10)×(24)/(23)	26						

別表 14 (6)

POINT

✓ 100％の資本関係のある会社との資産の譲渡取引がわかる！

✓ 将来の税金計算上のプラス、マイナスの影響がわかる！

ここだけ理解　別表14(6)

◆ 100％資本関係の譲渡損益が記録される

　2010年度（平成22年度）の税制改正において、グループ法人による一体的な運営が実施されていることを鑑みて、**グループ法人税制**という制度が適用されるようになりました。

　グループ法人税制においては、100％の資本関係（完全支配関係）がある内国法人間の取引について、税務上損益を認識しない取扱いとなっています。対象となる取引には、一定の資産の譲渡取引、寄附、配当等があります。

　別表14(6)は、グループ法人税制の中でも、一定の資産の譲渡取引を100％の資本関係の内国法人間で行った際に調整すべき譲渡取引について、その取引金額、調整金額等を記載して、譲渡損益が実現するまで管理することを目的として作成されます。

　そのため、別表14(6)を見ることで、100％の資本関係がある会社との資産の譲渡取引を把握することができます。

◆ 対象となる取引の範囲はどこまでか

　グループ内の資産の譲渡損益全てがグループ法人税制の対象となると、グループ内で製造会社と販売会社があるようなグループ企業においてはほぼ全てのグループ内取引が対象となってしまい、事務が大変煩雑になってしまいます。そのため、一定のものだけが調整対象の取引となり、対象となる資産を「**譲渡損益調整資産**」といいます。

別表
14
(6)

用語 ざっくり 解説

■ 譲渡損益調整資産

譲渡損益調整資産とは、譲渡法人の資産のうち以下のものをいいます。

・固定資産

・棚卸資産である土地等

・売買目的有価証券以外の有価証券

・金銭債権および繰延資産

さらに、上記の資産のうち、譲渡直前の帳簿価額が1,000万円以上のものをいいます。

ですから、帳簿価額が1,000万円未満のものは少額ということで対象から外れています。

有価証券のうち、譲受法人において売買目的有価証券となるものも、除外されます。

また、土地等以外の棚卸資産は対象から外れていますので、製販分離している会社間の棚卸販売取引は対象にはなりません。

■ 譲渡損益の実現は将来に繰り延べる

実際に対象となった取引があった場合に、法人税法上の処理はどうなるかをざっくりいうと、譲渡取引によって発生した損益はいったんなかったものとします。

もう少し税務処理っぽくいうと、譲渡損益調整資産の譲渡によって譲渡利益が発生した場合は、同額を損金に算入します。反対に、譲渡損失が発生した場合は、同額を益金に算入します。結果として、利益は損金で打ち消されて、損失は益金で打ち消されることになり、所得は発生しないことになります。

先ほど「損益はいったんなかったものにします」と書きましたが、譲渡取引によって所得は発生しないことになりますが、永久に所得を認識しないわけではないので、「いったんなかったもの」と書いたのです。つまり、譲渡損益の実現を将来に繰り延べるのです。

では、いつの段階で繰り延べられた譲渡損益が実現するのかというと、100%グループ内で譲渡された資産を譲り受けた会社が、さらに資産を譲渡したときに実現することになります。譲受法人が譲渡した他にも、譲り受けた資産を償却、評価替え、貸倒れ、除却等をした場合に、繰り延べられた譲渡損益が実現されます。

なお、ここで注意しなければならないのは、繰り延べられた譲渡損益が実現するの

別表14⑥

は当初譲渡した会社になります。

　資産を譲り受けた会社が次に他の会社に譲渡した段階で、当初の譲渡法人側で損益が実現するので、譲受法人は、譲渡法人に「他の会社に譲渡しましたから、譲渡損益を認識してください」と通知する義務があるのです。

☑ ここだけはチェック！

　　譲渡損益調整資産の損益の実現は、あくまでもいったんなかったものになるだけで、将来は実現するということね。
　　だから、繰り延べられているってことなのね。

ややこしいと思いますので、設例を使って解説します。

100％の資本関係があるS1社（譲渡法人）からS2社（譲受法人）に、譲渡損益調整資産を譲渡したとします。

S1社での取得価額は6,000万円で、それをS2社に実勢価格の2,600万円で売却しました。

会計上の処理と税務上の処理は以下の通りです。

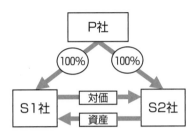

（単位：万円）

科目	売価	原価	譲渡損益
土地	2,600	6,000	▲3,400

■ 譲渡損益繰り延べ

（1）会計処理

売却時	S1	現金預金	2,600	土地	6,000
		固定資産売却損	3,400	―	―
	S2	土地	2,600	現金預金	2,600

（2）税務処理

売却時	S1	現金預金	2,600	土地	6,000
		固定資産売却損	3,400	―	―
		譲渡損益調整勘定	3,400	譲渡損益調整	3,400
	S2	土地	2,600	現金預金	2,600

（3）税務調整

	S1	完全支配関係法人間の損益加算調整額	3,400（加算・留保）
	S2	税務調整なし	―

譲受法人であるS2社は、特に法人税法上の調整はありません。

調整があるのは譲渡法人であるS1社です。

S1社では会計上3,400万円の土地売却損が計上されます。ただ、今回の取引はグループ法人税制の対象となるものなので、3,400万円の損失と同額の3,400万円の益金を法人税法上算入させます。S1社の法人税法上の売却時の仕訳の3行目の貸方に計上されている3,400万円がそれに該当します。

その結果、損失が益金によって打ち消されて所得はゼロとなります。

なお、譲受法人であるS2社が将来外部にこの土地を売却した段階で、繰り延べられた3,400万円の譲渡損失が実現されることになります。

譲渡法人であるS1社においては、将来の実現まで管理するために取引発生時から実現時まで、別表14(6)を作成し続けることになります。

1 完全支配関係がある法人の間の取引の損益の調整に関する明細書

| 事 業 年 度 | 令和X1・4・1 令和X2・3・31 | 法人名 | ＣＳセミナー株式会社 | 別表十四(六) |

							計
譲 受 法 人 名	1	ネット教育プロ					
譲渡損益調整資産の種類	2	土地等					
譲 渡 年 月 日	3	XX・ 8 ・31	・ ・	・ ・	・ ・		
譲 渡 収 益 の 額	4	円 26,000,000	円	円	円		
譲 渡 原 価 の 額	5	60,000,000					
調 整 前 譲 渡 利 益 額 (4)-(5)(マイナスの場合は0)	6	0					
圧縮記帳等による損金算入額	7						
譲 渡 利 益 額 (6)-(7)	8	0					
当期が譲渡年度である場合の損金算入額 (8)	9	0					円 0
譲 渡 損 失 額 (5)-(4)(マイナスの場合は0)	10	34,000,000					
当期が譲渡年度である場合の益金算入額 (10)	11	34,000,000					34,000,000
譲渡利益額の調整	(8)のうち期首現在で益金の額に算入されていない金額(前期の(14))	12						
	当 期 益 金 算 入 額 簡便法により計算する場合には、(21)又は(25)の金額	13						
	翌期以後に益金の額に算入する金額 ((8)又は(12))-(13)	14						
譲渡損失額の調整	(10)のうち期首現在で損金の額に算入されていない金額(前期の(17))	15						
	当 期 損 金 算 入 額 簡便法により計算する場合には、(22)又は(26)の金額	16						
	翌期以後に損金の額に算入する金額 ((10)又は(15))-(16)	17	34,000,000					34,000,000
当期に譲受法人において生じた調整事由	18	譲渡・償却その他( )	譲渡・償却その他( )	譲渡・償却その他( )	譲渡・償却その他( )		
簡便法により当期損金算入額又は当期益金算入額を計算する場合又は合	減価償却資産	償 却 期 間 の 月 数 [譲受法人が適用する耐用年数]×12	19	月	月	月	月	
		当期の月数(当期が譲渡年度である場合には譲渡日から当期の末日までの月数)	20					
		当 期 益 金 算 入 額 (8)×(20)/(19)	21	円	円	円	円	
		当 期 損 金 算 入 額 (10)×(20)/(19)	22					
	繰延資産	支出の効果の及ぶ期間の月数	23	月	月	月	月	
		当期の月数(当期が譲渡年度である場合には譲渡日から当期の末日までの月数)	24					
		当 期 益 金 算 入 額 (8)×(24)/(23)	25	円	円	円	円	
		当 期 損 金 算 入 額 (10)×(24)/(23)	26					

別表14(6)

グループ法人税制の適用対象となる譲渡取引がある場合に記載されます。

この別表は、譲渡取引が発生した時点だけではなく、将来繰り延べられた譲渡損益が実現するまで作成をし続けます。

自社のチェッカーとしての視点

前期に別表14⑹を作成して、まだ損益が実現していない取引がある場合は、今期も別表を作成する必要があります。

今期繰り延べられた損益が実現していないかについても確認しましょう。

別表14⑹

1 完全支配関係がある法人の間の取引の損益の調整に関する明細書

事 業 年 度	令和X1・4・1 令和X2・3・31	法人名	ＣＳセミナー株式会社		別表十四(六)

2

項目				計
譲 受 法 人 名	1	ネット教育プロ			計
譲渡損益調整資産の種類	2	土地等			
譲 渡 年 月 日	3	XX・8・3	・ ・	・ ・	・ ・	
譲 渡 収 益 の 額	4	円 26,000,000	円	円	円	
譲 渡 原 価 の 額	5	60,000,000				
調 整 前 譲 渡 利 益 額 (4)－(5) （マイナスの場合は０）	6	0				
圧縮記帳等による損金算入額	7					
譲 渡 利 益 額 (6)－(7)	8	0				
当期が譲渡年度である場合の損金算入額 (8)	9	0			円 0	
譲 渡 損 失 額 (5)－(4) （マイナスの場合は０）	10	34,000,000				
当期が譲渡年度である場合の益金算入額 (10)	11	34,000,000				34,000,000

3

譲渡利益額の調整	(8)のうち期首現在で益金の額に算入されていない金額 （前期の(14)）	12				
	当 期 益 金 算 入 額 簡便法により計算する場合には、(21)又は(25)の金額	13				
	翌期以後に益金の額に算入する金額 ((8)又は(12))－(13)	14				
譲渡損失額の調整	(10)のうち期首現在で損金の額に算入されていない金額 （前期の(17)）	15				
	当 期 損 金 算 入 額 簡便法により計算する場合には、(22)又は(26)の金額	16				
	翌期以後に損金の額に算入する金額 ((10)又は(15))－(16)	17	34,000,000				34,000,000

4

当期に譲受法人において生じた調整事由		18	譲渡・償却 その他( )	譲渡・償却 その他( )	譲渡・償却 その他( )	譲渡・償却 その他( )	
簡便法により当期益金算入額又は当期損金算入する額を計算する場合	減価償却資産	償却期間の月数 譲受法人が適用する耐用年数 ×12	19	月	月	月	月	
		当期の月数（当期が譲渡年度である場合には譲渡日から当期の末日までの月数）	20					
		当 期 益 金 算 入 額 (8)×(20)/(19)	21	円	円	円	円	
		当 期 損 金 算 入 額 (10)×(20)/(19)	22					
	繰延資産	支出の効果の及ぶ期間の月数	23	月	月	月	月	
		当期の月数（当期が譲渡年度である場合には譲渡日から当期の末日までの月数）	24					
		当 期 益 金 算 入 額 (8)×(24)/(23)	25	円	円	円	円	
		当 期 損 金 算 入 額 (10)×(24)/(23)	26					

別表14
(6)

2 譲渡損益が発生した場合に将来に繰り延べる金額 → ワーク2

135ページの設例で説明した内容を別表に記載しています。

譲渡損失3,400万円の発生が「譲渡損失額」3,400万円として記載されています。

「当期が譲渡年度である場合の益金算入額」に、譲渡損失額と同額の3,400万円が記載されているとともに、その金額が損失を打ち消す益金であることがわかります。

自社のチェッカーとしての視点

100%グループ内で譲渡取引があった場合は、譲渡損益調整資産の譲渡であるかどうかを確認しましょう。確認が漏れた結果、申告調整をし忘れると過大納付、過少納付のどちらのリスクも伴います。

他社の申告書を見る時の視点

別表14(6)が作成されている場合は、決算書上の影響も認識する必要があります。

例えば、決算書上利益を出したいために、100%グループ内で譲渡益が生じる取引を意図的に行う場合も考えられます。グループ法人税制の適用がなければ、譲渡益が生じると法人税が発生しますが、グループ法人税制が適用されると多額の譲渡益が会計上計上されても、法人税法上は譲渡益を繰り延べることが可能となり、譲渡取引に伴う納税は発生しません。

そのため、100%グループ内の譲渡取引で納税が発生することなく、多額の譲渡益を会計上計上するという粉飾が行われる可能性があります。

ただ、このような怪しい取引が行われた場合も、別表14(5)が作成されます。別表を見ることで譲渡取引の妥当性や経済合理性を判断するきっかけになりますので、別表14(6)がある場合は必ずチェックしてください。

別表14(6)

別表14⑹を見る時のチェックポイントはここ！

1 完全支配関係がある法人の間の取引の損益の調整に関する明細書

| | | 事業年度 | 令和X1・4・1
令和X2・3・31 | 法人名 | ＣＳセミナー株式会社 |

別表十四（六）

2

項目		番号				計
譲 受 法 人 名		1	ネット教育プロ			
譲 渡 損 益 調 整 資 産 の 種 類		2	土地等			
譲 渡 年 月 日		3	XX・ 8 ・3	・ ・	・ ・	・ ・
譲 渡 収 益 の 額		4	円 26,000,000	円	円	円
譲 渡 原 価 の 額		5	60,000,000			
調 整 前 譲 渡 利 益 額 (4) － (5) （マイナスの場合は0）		6	0			
圧 縮 記 帳 等 に よ る 損 金 算 入 額		7				
譲 渡 利 益 額 (6) － (7)		8	0			
当期が譲渡年度である場合の損金算入額 (8)		9	0			円 0
譲 渡 損 失 額 (5) － (4) （マイナスの場合は0）		10	34,000,000			
当期が譲渡年度である場合の益金算入額 (10)		11	34,000,000			34,000,000
譲渡利益額の調整	(8) のうち期首現在で益金の額に算入されていない金額 （前期の(14)）	12				
	当 期 益 金 算 入 額 簡便法により計算する場合には、(21)又は(25)の金額	13				
	翌期以後に益金の額に算入する金額 (8) 又は(12) － (13)	14				
3 譲渡損失額の調整	(10) のうち期首現在で損金の額に算入されていない金額 （前期の(17)）	15				
	当 期 損 金 算 入 額 簡便法により計算する場合には、(22)又は(26)の金額	16				
	翌期以後に損金の額に算入する金額 (10) 又は(15) － (16)	17	34,000,000			34,000,000
4 当期に譲受法人において生じた調整事由		18	譲 渡 ・ 償 却 その他（　　　）	譲 渡 ・ 償 却 その他（　　　）	譲 渡 ・ 償 却 その他（　　　）	譲 渡 ・ 償 却 その他（　　　）
簡便法により当期損金算入額又は当期益金算入額を計算する場合	減価償却資産	償却期間の月数 譲受法人が適用 する耐用年数 ×12	19	月	月	月	月
		当期の月数（当期が譲渡年度である場合には譲渡日から当期の末日までの月数）	20				
		当 期 益 金 算 入 額 (8) × (20)/(19)	21	円	円	円	円
		当 期 損 金 算 入 額 (10) × (20)/(19)	22				
	繰延資産	支出の効果の及ぶ期間の月数	23	月	月	月	月
		当期の月数（当期が譲渡年度である場合には譲渡日から当期の末日までの月数）	24				
		当 期 益 金 算 入 額 (8) × (24)/(23)	25	円	円	円	円
		当 期 損 金 算 入 額 (10) × (24)/(23)	26				

別表14(6)

—140—

3 翌年以降の影響額

→ ワーク3

繰り延べられている譲渡損失と譲渡利益が記載されます。

「翌期以後に益金の額に算入する金額」に記載されている金額は、将来益金になるので、税金を増やすものです。

「翌期以後に損金の額に算入する金額」に記載されている金額は、将来損金になるので、税金を減らすものです。

🔍 他社の申告書を見る時の視点

繰り延べられている譲渡損益がいくらあるのかを把握しましょう。

その上で、将来実現したときに益金になるのか、損金になるのかを確認して、納税へのインパクトを理解しておきましょう。

4 実現したら連絡をもらうことを忘れずに

譲渡損益の調整はあくまでも繰延べなので、譲受法人が譲渡等をしたらその時点において、譲渡法人側で繰り延べられた損益を実現する必要があります。

そのため、損益実現の事由が発生したら譲受法人から連絡をもらい、その内容を「当期に譲受法人において生じた調整事由」に記載するともに、申告調整を行います。

🔍 自社のチェッカーとしての視点

譲渡法人側で適切に、繰り延べられてきた譲渡損益を実現させるためには、グループ会社内で円滑なコミュニケーションが必須です。損益実現の事由が発生しても、譲受法人が譲渡法人に伝達を忘れてしまうと、譲渡法人の申告調整が正しく行われないことになってしまいます。

そのため、譲受法人は、譲渡損益調整資産を譲渡等したら、譲渡法人に通知する義務があります。

実務上は、譲渡法人が通知すべき事項もありますので、定期的にグループ会社間で通知をする仕組みを構築することで、正しい申告調整が行われるようにしています。

別表14(6)

別表パッと見 瞬殺ワーク

申告書の実例を見て、パッと見で何に注意したらよいのかワークを行ってみましょう。

ワーク1　譲渡損益を繰り延べているものがあるのかどうか

1	完全支配関係がある法人の間の取引の損益の調整に関する明細書	事業年度	令和X1·4· 1 令和X2·3·31	法人名	CSセミナー株式会社	別表十四(六)

> 別表14(6)があるということは、譲渡損益調整資産の調整に伴う譲渡損益の繰延べがあるということだから、入念に別表を見る必要があるな。

ワーク2　今期は譲渡損益の調整はあったのだろうか

2							
譲渡利益額 (6)－(7)	8	0					
当期が譲渡年度である場合の損金算入額 (8)	9	0					円 0
譲渡損失額 (5)－(4) （マイナスの場合は０）	10	34,000,000					
当期が譲渡年度である場合の益金算入額 (10)	11	34,000,000					34,000,000

> 「当期が譲渡年度である場合の損金算入額」はゼロで、「当期が譲渡年度である場合の益金算入額」には3,400万円の記載がある。今期は会計上3,400万円の譲渡損が計上されているけど法人税法上は益金に計上して、その分の納税は発生していないことになるな。

ワーク3　将来実現する益金あるいは損金はいくらあるのだろうか

3							
翌期以後に益金の額に算入する金額 ((8)又は(12))－(13)	14						
翌期以後に損金の額に算入する金額 ((10)又は(15))－(16)	17	34,000,000					34,000,000

> 翌期以降に益金算入になるものはないけれど、翌期以降に損金に算入するものが3,400万円あるようだ。その分だけ所得が下がることになるので、所得がある年にぶつけて納税額を下げるのが良いかも。

別表14(6)

Lesson11　別表15
―接待の状況―

交際費等の損金算入に関する明細書		事業年度	令和X1・4・1 令和X2・3・31	法人名	ＣＳセミナー株式会社	別表十五

支出交際費等の額 (8の計)	1	5,400,000 円	損金算入限度額 (2)又は(3)	4	1,400,000 円
支出接待飲食費損金算入基準額 (9の計)× $\frac{50}{100}$	2	1,400,000			
中小法人等の定額控除限度額 ((1)と((800万円×$\frac{}{12}$)又は(別表十五付表「5」))のうち少ない金額)	3	0	損金不算入額 (1)－(4)	5	4,000,000

支出交際費等の額の明細

科　　　　　目	支　出　額 6	交際費等の額から控除される費用の額 7	差引交際費等の額 8	(8)のうち接待飲食費の額 9
	円	円	円	円
交　際　費	4,500,000	600,000	3,900,000	1,800,000
販　売　促　進　費	12,000,000	10,500,000	1,500,000	1,000,000
計	16,500,000	11,100,000	5,400,000	2,800,000

POINT

✓ 接待の状況がわかる！
✓ 「交際費」勘定以外の別科目での交際費の支出状況がわかる！

ここだけ理解　別表15

◆　交際費勘定以外の情報は申告書から読み取る

別表15では、損金不算入となる交際費の金額が明らかになります。

交際費は、事業活動に必要であると考えられますが、冗費を減らして自己資本を増強させるといった政策的な見地から、損金算入に一定の制限が加えられています。

法人税法上、交際費として損金不算入の対象になるのは、得意先、仕入先その他事業に関係ある者等に対して行われる接待、贈答等の行為のために支出するものとなり、かなり広い範囲が交際費として扱われます。

法人税法上の交際費の範囲は広いので、別表15には、交際費勘定で経理処理した法人税法上の交際費の金額の他に、他の科目で経理処理をしているもので、法人税法上は交際費となるものも記載します。このように、交際費勘定科目以外で処理されている交際費のことを、他科目交際費といいます。決算書だけを見ていると交際費勘定の金額しかわかりませんが、申告書の交際費の別表を見ることで、交際費勘定以外にどの程度の交際費が発生していたのかを見ることができます。

◆ 飲食費は区分して記載されるので、飲食実績が明確にわかる

交際費のうち、接待飲食費は区分して把握する必要があります。

具体的には、次の2種類を区分して管理します。

- ・**社外の人との飲食費で1人あたり5,000円以下のもの**
- ・**社外の人との飲食費で1人あたり5,000円超のもの**

前者の1人あたり5,000円以下の飲食費は、飲食に参加した人数等の必要事項を書類に記載することを前提として、全額損金算入することができます。そのため、コスト意識の高い会社では、5,000円の基準を意識して接待を行っているケースもあります。

後者の社外飲食費で5,000円超のものを別途管理しているのは、以前、大法人は交際費が全額損金不算入だったのですが、景気対策の一環で大法人（期末資本金が100億円超の会社を除く）でも社外飲食費の50％は損金に算入できるようになり、その金額を把握するためです。

当然、タックスメリットを得るために5,000円超の社外飲食費は区分しており、それを申

別表
15

告書に記載しますので、社外との飲食にいくら費消したかがわかります。

☑ ここだけはチェック！

　交際費の別表を見れば、飲食費の支出状況はばっちりわかるな。儲けて交際費を使っているのか、儲かっていなくても使っているのか、なんてこともガラス張りでわかるな。

　また、会社全体の売上に占める交際費の割合や、所得に対する交際費の割合等を見ることで、費用対効果等の分析をすることができます。交際費を多額に使っているのに売上が増加していなかったり、儲けが十分に出ていない会社は、費用対効果が悪いと考えられます。

　さらに、業績が悪化しているにもかかわらず、交際費の額が減っていない、もしくは、逆に増えているような会社は、経営者が業績アップにつながらない飲食に浪費している可能性もあり、別表15を通じて経営者の資質が見えてくるかもしれません。

＋プラス スタディ　交際費等の損金算入限度額

　交際費等の損金算入限度額は、期末の資本金の金額に応じて定められています。

　損金算入限度額を超過した交際費等の額は、損金不算入額として別表４において加算されます。

（1）期末資本金が100億円超の会社の場合	⟫	損金算入限度額＝0（ゼロ）
（2）期末資本金が1億円超100億円以下の会社の場合	⟫	損金算入限度額＝社外接待飲食費の額の50％に相当する金額
（3）期末資本金が1億円以下の会社の場合	⟫	損金算入限度額＝以下のいずれか大きい額 ・社外接待飲食費の額の50％に相当する金額 ・年800万円

（注）親会社が資本金5億円以上の100％子会社は、資本金が1億円以下でも（2）が適用されます。

別表15

交際費等の損金算入に関する明細書

| 事業年度 | 令和X1・4・1
令和X2・3・31 | 法人名 | ＣＳセミナー株式会社 | 別表十五 |

支出交際費等の額 （8の計）	1	5,400,000 円	損金算入限度額 （2）又は（3）	4	1,400,000 円
支出接待飲食費損金算入基準額 （9の計）× $\frac{50}{100}$	2	1,400,000			
中小法人等の定額控除限度額 （（1）と（（800万円× $\frac{}{12}$ ）又は（別表十五付表「5」））のうち少ない金額）	3	0	損金不算入額 （1）－（4）	5	4,000,000

1

支 出 交 際 費 等 の 額 の 明 細

科　　　　　目	支　出	交際費等の額から控除される費用の額	差引交際費等の額	(8)のうち接待飲食費の額
	6	7	8	9
	円	円	円	円
交　　際　　費	4,500,000	600,000	3,900,000	1,800,000
販　売　促　進　費	12,000,000	10,500,000	1,500,000	1,000,000
計	16,500,000	11,100,000	5,400,000	2,800,000

2 **3** **4**

1 損金不算入額

交際費のうち損金算入が認められない金額が記載されます。

別表4の加算欄の「交際費等の損金不算入額」に転記されます。

2 5,000円以下交際費

交際費科目のうち、交際費等の額から控除される費用の額には、通常1人あたり5,000円以下の交際費を含めて記載されます。

コスト意識をもって接待をしていることが想定されます。

3 5,000円超交際費（社外飲食費） ➡ ワーク1

1人あたり5,000円超の交際費（社外飲食費）については、50％相当額の損金算入が可能です。

他社の申告書を見る時の視点

別表15を見ることで接待等の利用状況がわかります。

他のコストは削減しているにもかかわらず、交際費の額が削減されていない場合は、経営者の姿勢に問題がある可能性もあります。

別表
15

別表15を見る時のチェックポイントはここ！

交際費等の損金算入に関する明細書

| 事業年度 | 令和X1・4・1
令和X2・3・31 | 法人名 | ＣＳセミナー株式会社 | 別表十五 |

支出交際費等の額 (8 の 計)	1	5,400,000 円	損金算入限度額 (2) 又は (3)	4	1,400,000 円
支出接待飲食費損金算入基準額 (9の計) × $\frac{50}{100}$	2	1,400,000	**1**		
中小法人等の定額控除限度額 ((1)と((800万円× $\frac{}{12}$)又は(別表十五付表「5」))のうち少ない金額)	3	0	損金不算入額 (1) － (4)	5	4,000,000

支 出 交 際 費 等 の 額 の 明 細

科　　　　目	支　　　出 6	**2** 交際費等の額から 控除される費用の額 7	差引交際費等 8	**3** (8)のうち接待 飲食費の額 9
交　　際　　費	4,500,000 円	600,000 円	3,900,000 円	1,800,000 円
4 販　売　促　進　費	12,000,000	10,500,000	1,500,000	1,000,000
計	16,500,000	11,100,000	5,400,000	2,800,000

別表15

交際費以外の勘定科目で処理している交際費の有無がわかります。

他社の申告書を見る時の視点

　他の科目で多額の交際費が支出されている場合は、合理的な理由があるのか注目しましょう。

　交際費に金額が多く計上されていると決算書を見る金融機関や株主等からの見た目がよろしくないから他の科目で処理している、といったことが背景にないかどうかに留意しましょう。

自社のチェッカーとしての視点

　交際費以外の勘定科目で処理されているもので、法人税法上交際費に該当するものは、取りこぼしがないように情報収集するようにしましょう。

別表15

別表パッと見 瞬殺ワーク

申告書の実例を見て、パッと見で何に注意したらよいのかワークを行ってみましょう。

ワーク1 社外飲食費で1人あたり5,000円超のものはいくらあるのだろうか

3

科　　　　　目	(8)のうち接待飲食費の額
	9
交　際　費	1,800,000 円
販　売　促　進　費	1,000,000

　合計2,800,000円を1人あたり5,000円超の社外飲食費に使っているのだな。

ワーク2 他科目交際費はあるのだろうか

4

科　　　　　目	支　出　額	交際費等の額から控除される費用の額	差引交際費等の額	(8)のうち接待飲食費の額
	6	7	8	9
交　際　費	4,500,000 円	600,000 円	3,900,000 円	1,800,000 円
販　売　促　進　費	12,000,000	10,500,000	1,500,000	1,000,000

　販売促進費で処理した交際費が1,500,000円あって、そのうち1,000,000円は社外飲食費なのだな。

別表15

Lesson12　別表16⑴
―定額法による減価償却の状況―

旧定額法又は定額法による減価償却資産の償却額の計算に関する明細書			事業年度	令和 X1・4・1 令和 X2・3・31	法人名	CSセミナー株式会社	別表十六(一)

			建 物				
資産区分	種　類	1	建　物				
	構　造	2					
	細　目	3					
	取 得 年 月 日	4	・　・	・　・	・　・	・　・	・　・
	事業の用に供した年月	5					
	耐 用 年 数	6	年	年	年	年	年
取得価額	取得価額又は製作価額	7	外 146,000,000 円	外 円	外 円	外 円	外 円
	(7)のうち積立金方式による圧縮記帳の場合の償却計算の対象となる取得価額に算入しない金額	8					
	差 引 取 得 価 額 (7)-(8)	9	146,000,000				
帳簿価額	償却額計算の対象となる期末現在の帳簿記載金額	10	100,000,000				
	期末現在の積立金の額	11					
	積 立 金 の 期 中 取 崩 額	12					
	差 引 帳 簿 記 載 金 額 (10)-(11)-(12)	13	外 100,000,000	外	外	外△	
	損金に計上した当期償却額	14	8,000,000				
	前期から繰り越した償却超過額	15	外	外	外	外	
	合　計 (13)+(14)+(15)	16	108,000,000				
当期分の普通償却限度額等	平成19年3月31日以前取得分	残 存 価 額	17	7,800,000				
		差引取得価額×5% (9)×5/100	18	7,300,000				
		旧定額法の償却額計算の基礎となる金額 (9)-(17)	19	138,200,000				
		旧定額法の償却率	20					
		(16)≧(18)の場合 算 出 償 却 額 (19)×(20)	21	2,000,000 円	円	円	円	円
		増 加 償 却 額 (21)×割増率	22	( )	( )	( )	( )	( )
		計 (21)+(22)又は(18)-(16)-(1円)	23	2,000,000				
		(16)≦(18)の場合 算 出 償 却 額 (18)-1円)×60	24					
	平成19年4月1日以後取得分	定額法の償却額計算の基礎となる金額 (9)	25	67,000,000				
		定 額 法 の 償 却 率	26					
		算 出 償 却 額 (25)×(26)	27	2,300,000 円	円	円	円	円
		増 加 償 却 額 (27)×割増率	28	( )	( )	( )	( )	( )
		計 (27)+(28)	29	2,300,000				
	当 期 分 の 普 通 償 却 限 度 額 等 (23)、(24)又は(29)	30	4,300,000				
当期分の償却限度額	特別償却限度額	租税特別措置法適用条項	31	条 項	条 項	条 項	条 項	条 項
		特 別 償 却 限 度 額	32	外 円	外 円	外 円	外 円	外 円
	前期から繰り越した特別償却不足額又は合併等特別償却不足額	33					
	合 計 (30)+(32)+(33)	34	4,300,000				
当	期 償 却 額	35	8,000,000				
差引	償 却 不 足 額 (34)-(35)	36					
	償 却 超 過 額 (35)-(34)	37	3,700,000				
償却超過額	前 期 か ら の 繰 越 額	38	外	外	外	外	
	当期損金認容額	償却不足によるもの	39					
		積立金取崩しによるもの	40					
	差引合計翌期への繰越額 (37)+(38)-(39)-(40)	41					
特別償却不足額	翌期に繰り越すべき特別償却不足額 ((36)-(39))又は((32)+(33))のうち少ない金額	42					
	当期において切り捨てる特別償却不足額又は合併等特別償却不足額	43					
	差引翌期への繰越額 (42)-(43)	44					
	翌期への繰越額の内訳	・ ・	45					
		・ ・	46					
適格組織再編成により引き継ぐべき合併等特別償却不足額 ((36)-(39))と(32)のうち少ない金額	47					
備考							

別表16(1)

POINT

✓ 定額法適用資産の減価償却の償却状況がわかる！

✓ 償却費が多すぎる場合や少なすぎる場合がわかる！

ここだけ理解　別表16(1)

◆ 損金とされる金額は損金経理額と償却限度額とを比較する

　別表16(1)は、定額法によって減価償却費を計算した明細が記載される別表です。

　この別表を見ると、減価償却の結果、損金算入されることとなった金額などを確認することができます。

　減価償却費は、**損金経理要件**が求められており、会計上償却費として損金経理しなければ、**償却限度額**が損金経理額を超えていても、損金経理した金額までしか損金算入が認められません。そのため、損金経理した金額と償却限度額の両方を比較する必要があります。

　償却限度額よりも過大に損金経理をした場合は、過大分は償却超過額として損金不算入となります。

　逆に、償却限度額よりも過少に損金経理した場合は、損金となるのは償却限度額と損金経理額のいずれか少ない金額ですので、損金経理額までしか損金として認めれられません。つまり、償却限度額まで損金経理しなかった償却不足分は、その事業年度の損金にはなりません。

　別表16(1)を見れば、減価償却費として経理した金額が過大（償却超過）となっているか、過少（償却不足）となっているかがわかります。

別表
16
(1)

用語 ざっくり 解説

■ 償却限度額

　償却限度額は定額法、定率法などの償却方法によって計算式が異なりますが、基本的に、耐用年数に応じた各償却方法の償却率等に基づいて計算します。

　定額法の場合の償却限度額は、次の算式で計算が行われます。

・**2007年4月1日以後に取得した減価償却資産（定額法）**

　定額法の償却限度額　＝　取得価額　×　定額法の償却率

・**2007年3月31日以前に取得した減価償却資産（旧定額法）**

　旧定額法の償却限度額　＝（取得価額－残存価額）×　旧定額法の償却率

　なお、損金とされる金額は、

　　| 償却費として損金経理した金額 |　と　| 当期の償却限度額 |

のいずれか少ない額が当期の損金の額に算入されますので、両者を比較する必要があります。

別表
16
(1)

　ここまで、どの会社でも作成する可能性が高い代表的な法人税申告書を見てきましたが、実は申告書を提出する際は申告書の他に添付書類も一緒に提出する必要があります。決算報告書や勘定明細は添付書類の一つですが、それ以外に法人税申告書に添付される書類として、**出資関係図**と**法人事業概況説明書**というものがあります。

　それぞれの書類には、決算書にも法人税申告書にも記載されていない貴重な情報が掲載されていますので、活用を図ることができます。

　それぞれの書類のどこに注目したら良いのかを見てみましょう。

●出資関係図の活用

　グループ法人税制導入後は、完全支配関係のある会社同士の出資関係図の提出が義務づけられました。

　100％出資の関係に限られますが、グループの概況を知ることができます。

　グループ会社の存在を確認するとともに、認識のないグループ会社については事業内容や決算状況を確認するようにしましょう。

●法人事業概況説明書の活用

　法人事業概況説明書の裏面には売上や仕入等の月次の推移が記載されます。

　変動実績がある場合に季節変動等を勘案して合理的であるかどうか判断しましょう。

　売上と仕入の数値から利益率を算出することが可能となっていて、利益率等が月ごとに変動しすぎている場合、経理処理の妥当性も疑いましょう。

別表
16
(1)

出資関係図

（1）出資関係を系統的に記載した図

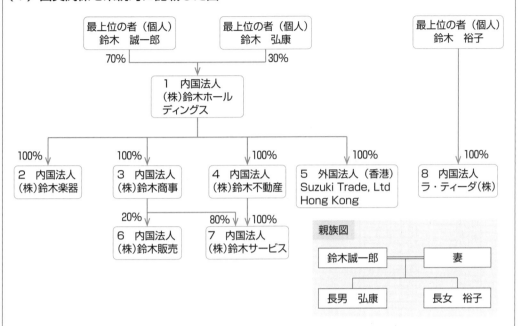

親族図

（2）グループ一覧

一連番号	所轄税務署名	法人名	納税地	代表者氏名	事業種目	資本金等（千円）	決算期	備考
1	麹町	（株）鈴木ホールディングス	東京都千代田区麹町5-7-●	鈴木　誠一郎	賃貸・コンサルティング	1,000,000	3／31	
2	神田	（株）鈴木楽器	東京都千代田区神田小川町1-21-●	鈴木　弘康	小売業	10,000	8／31	
3	麹町	（株）鈴木商事	東京都千代田区麹町5-7-●	鈴木　誠一郎	輸入・卸売業	99,000	3／31	
4	四谷	（株）鈴木不動産	東京都新宿区新宿5-7-●	鈴木　誠一郎	不動産業	200,000	3／31	
5	－	Suzuki Trade, Ltd Hong Kong	Hong Kong, S.A.R	Chan Chi-Ching	貿易業	HK$ 100,000	12／31	
6	小田原	（株）鈴木販売	神奈川県小田原市風祭●	鈴木　誠一郎	小売業	10,000	3／31	
7	四谷	（株）鈴木サービス	東京都新宿区新宿6-8-●	石田　浩一郎	総合メンテナンス業	10,000	3／31	
8	渋谷	ラ・ティーダ（株）	東京都渋谷区道玄坂3-5-●	鈴木　裕子	美容業	10,000	9／30	

別表
16
(1)

法人事業概況説明書

税務署受付印

FB1006

別添「法人事業概況説明書の書き方」を参考に記載し、法人税申告書等に一部添付して提出してください。
なお、記載欄が不足する項目につきましては、お手数ですが、適宜の用紙に別途記載の上、添付願います。

整理番号

この用紙はとじこまないでください

OCR入力用（この用紙は機械で読み取ります。折ったり汚したりしないでください。）

法人名	屋号（　　　） 電話（　　）　－	事業年度	自 令和　年　月　日 至 令和　年　月　日
法人番号		自社ホームページの有無	○有 ○無（自社ホームページアドレス）
税務署処理欄			

1 事業内容（　　　）業

2 支店・子会社の状況

(1) 支店	国内	支店・店舗数	
	海外	支店・店舗数	
		所在地国1	従業員数
		所在地国2	従業員数
(2) 子会社	国内	国内子会社の数	
	海外	海外子会社の数	うち出資割合が50%以上の海外子会社の数
		子会社名称	出資割合%
		子会社名称	出資割合%

3 海外取引状況

(1) 取引種類	○輸入 ○輸出 ○無	取引金額（百万円）	
輸入	相手国	主な商品	
輸出	相手国	主な商品	
(2) 輸出入以外の海外取引	○有 ○無	○手数料 ○ロイヤルティー ○役務の提供 ○証券の売買 ○金銭の貸借 ○不動産の売買 ○その他（　）	

4 期末従事員等の状況

(1) 期末従事員の状況（単位・人）	常勤役員
	計
	計のうち代表者家族数
	計のうちアルバイト数
(2) 賃金の定め方	○A 固定給 ○B 歩合給 ○AB 併用
(3) 社宅・寮の有無	○有 ○無

5 PC利用状況

(1) PC利用の有無	○有 ○無
(2) PCのOS	○Windows ○Mac ○Linux ○その他（　）
(3) PCの利用形態	○財務管理 ○給与管理 ○在庫・販売管理 ○生産管理
(4) 会計ソフトの利用等	○有 ○無
(5) 会計ソフト名	
(6) メールソフト名	
(7) データの保存先	○クラウド ○外部記録媒体 ○PCサーバ

6 販売形態

(1) 電子商取引（インターネット取引）	○有・売上 ○有・仕入 ○有・経費 ○無
(2) 販売チャネル 注1	○自社HP ○他社HP

7 株主又は株式所有異動の有無（うち株式交付） ○有 ○株式交付

8 経理の状況

(1) 管理者	区分	氏名	代表者との関係
	現金		○親族 ○他人
	通帳		○親族 ○他人
(2) 試算表の作成状況	○毎月 ○おおむね月ごと ○決算時のみ		
(3) 源泉徴収対象所得	○給与 ○報酬・料金 ○利子等 ○配当 ○非居住者 ○退職		
(4) 消費税	当期課税売上高（単位：千円）		
	経理方式	○税抜経理方式 ○税込経理方式	
(5) 社内監査	実施の有無	○有 ○無	（　）

9 役員又は役員報酬額の異動の有無 ○有 ○無

10 主要科目（単位・千円）

※各科目の単位：千円

科目	金額	科目	金額
売上（収入）高		特別損失	
上記のうち兼業売上（収入）高		税引前当期損益	
売上（収入）原価		資産の部合計（負債の部合計＋純資産の部合計）	
売上原価のうち 期首棚卸高		資産のうち 現金預金	
原材料費（仕入高）注2		受取手形 ※貸倒引当金控除前	
労務費 ※福利厚生費等を除いてください		売掛金 ※貸倒引当金控除前、注3	
外注費		棚卸資産（未成工事支出金）	
期末棚卸高		貸付金	
減価償却費		建物 ※減価償却累計額控除後	
地代家賃		機械装置 ※減価償却累計額控除後	
売上（収入）総利益		車両・船舶 ※減価償却累計額控除後	
販管費のうち 役員報酬		土地	
従業員給料		負債の部合計（資産の部合計－純資産の部合計）	
交際費		負債のうち 支払手形	
減価償却費		買掛金 注3	
地代家賃		個人借入金	
営業損益		その他借入金	
特別利益		純資産の部合計（資産の部合計－負債の部合計）	

「10主要科目」・「11代表者に対する報酬等の金額」の各欄は、千円単位で記載してください。

11 代表者に対する報酬等の金額 注4 ※各科目の単位：千円

報酬		貸付金		仮払金	
賃借料		支払利息		借入金	
				仮受金	

注1　(1)の有・売上欄に該当がある場合
注2　運送業においては燃料費、金融業・保険代理業においては、支払利息割引料を記載してください。
注3　金融業・保険代理業においては、売掛金欄には未収利息、買掛金欄には未払利息を記載してください。
注4　「11代表者に対する報酬等の金額」の各欄は貴社（貴法人）が同族会社の場合に記載してください。

<table>
<tr><td rowspan="7">12
事業形態</td><td>(1)
兼業の状況</td><td colspan="3">(兼業種目)　　　　　　　　　　(兼業割合)　　　％</td><td rowspan="9">13
主な設備等の状況</td><td colspan="2"></td></tr>
</table>

12 事業形態	(1) 兼業の状況	(兼業種目)　　　　　　　(兼業割合)　　％	13 主な設備等の状況
	(2) 事業内容の特異性		
	(3) 売上区分	現金売上　　　％　掛売上　　　％	

14 決済日等の状況	売上	締切日		決済日		16 税理士の関与状況	(1)氏名	
	仕入	締切日		決済日			(2)事務所所在地	
	外注費	締切日		決済日			(3)電話番号	
	給料	締切日		支給日			(4)関与状況	◯申告書の作成　◯調査立会　◯税務相談 ◯決算書の作成　◯伝票の整理　◯補助簿の記帳 ◯総勘定元帳の記帳　◯源泉徴収関係事務

15 帳簿類の備付状況	帳　簿　書　類　の　名　称	

17 加入組合等の状況	(役職名)
	(役職名)
	営業時間　開店　　時　　閉店　　時
	定休日　毎週(毎月)　曜日(　　日)

18 月別の売上高等の状況	月別	売上(収入)金額		仕　入　金　額		外注費	人件費	源泉徴収税額		従事員数
	月	千円	千円	千円	千円	千円	千円	円	千円	人
	月									
	月									
	月									
	月									
	月									
	月									
	月									
	月									
	月									
	月									
	月									
	計									
	前期の実績									

「18 月別の売上高等の状況」欄の単位にご注意願います。

19 当期の営業	成績の概要	

別表16(1)

別表16⑴を見る時のチェックポイントはここ！

1	旧定額法又は定額法による減価償却資産の償却額の計算に関する明細書	事業年度	令和 X1・4・1 令和 X2・3・31	法人名	ＣＳセミナー株式会社	別表十六（一）

			建　　物				
資産区分	種　　　　　類	1	建　　物				
	構　　　　　造	2					
	細　　　　　目	3					
	取　得　年　月　日	4	・・	・・	・・	・・	・・
	事業の用に供した年月	5					
	耐　用　年　数	6	年	年	年	年	年
取得価額	取得価額又は製作価額	7	外 146,000,000 円	外 円	外 円	外 円	外 円
	⑺のうち積立金方式による圧縮記帳の場合の償却額計算の対象となる取得価額に算入しない金額	8					
	差　引　取　得　価　額 (7)-(8)	9	146,000,000				
帳簿価額	償却額計算の対象となる期末現在の帳簿記載金額	10	100,000,000				
	期末現在の積立金の額	11					
	積立金の期中取崩額	12					
	差引帳簿記載金額 (10)-(11)-(12)	13	外 100,000,000	外△	外	外	外△
	損金に計上した当期償却額	14	8,000,000				
	前期から繰り越した償却超過額	15	外	外	外	外	外
	合　　　　　計 (13)+(14)+(15)	16	108,000,000				
2 当期分の普通償却限度額等	平成19年3月31日以前取得分	残　存　価　額	17	7,800,000				
		差引取得価額 × 5% (9)×5/100	18	7,300,000				
		旧定額法の償却額計算の基礎となる金額 (9)-(17)	19	138,200,000				
		旧定額法の償却率	20					
		(16)>(18)の場合 算出償却額 (19)×(20)	21	2,000,000 円	円	円	円	円
		増加償却額 (21)×割増率	22	(　　　　)	(　　　)	(　　　)	(　　　)	(　　　)
		計 ((21)+(22))又は((16)-(18))	23	2,000,000				
		(16)≦(18)の場合 算出償却額 (18)-1円)×60分の1	24					
	平成19年4月1日以後取得分	定額法の償却額計算の基礎となる金額 (9)	25	67,000,000				
		定額法の償却率	26					
		算出償却額 (25)×(26)	27	2,300,000 円	円	円	円	円
		増加償却額 (27)×割増率	28	(　　　　)	(　　　)	(　　　)	(　　　)	(　　　)
		計 (27)+(28)	29	2,300,000				
	当期分の普通償却限度額等 (23)、(24)又は(29)		30	4,300,000				
当期分の償却限度額	特別償却限度額又は割増償却限度額	租税特別措置法適用条項	31	条　　項	条　　項	条　　項	条　　項	条　　項
		特別償却限度額	32	外 円	外 円	外 円	外 円	外 円
	前期から繰り越した特別償却不足額又は合併等特別償却不足額		33					
	合　　計 (30)+(32)+(33)		34	4,300,000				
3 当　期　償　却　額		35	8,000,000				
4 差引	償　却　不　足　額 (34)-(35)	36					
	償　却　超　過　額 (35)-(34)	37	3,700,000				
5 償却超過額	前期からの繰越額	38	外	外	外	外	外
	当期損金認容額	償却不足によるもの	39					
		積立金取崩しによるもの	40					
	差引合計翌期への繰越額 (37)+(38)-(39)-(40)		41					
特別償却不足額	翌期に繰り越すべき特別償却不足額 ((36)-(39))と((32)+(32))のうち少ない金額)	42					
	当期において切り捨てる特別償却不足額又は合併等特別償却不足額	43					
	差引翌期への繰越額 (42)-(43)	44					
	翌期への繰越額の内訳		45	・・				
			46					
	当期分不足額	46					
	適格組織再編成により引き継ぐべき合併等特別償却不足額 ((36)-(39))と(32)のうち少ない金額)	47					

備考

別表16(1)

1 定額法適用資産の償却状況

定額法を適用している資産の償却状況が記載されます。

定率法を適用している資産の償却状況は、別表16⑵を見ればわかります。

その他、リース期間定額法を適用している場合は別表16⑷、繰延資産の償却額は別表16
⑹、一括償却資産の損金算入の明細は別表16⑻に記載されます。

2 償却限度額　　　　　　　　　　　　　　　　　　　　➡ ワーク1

定額法の償却限度額が記載されます。

償却限度額を算定するにあたって、取得時期に応じて以下の2つに区分します。

・定 額 法：2007年4月1日以後に取得等した減価償却資産に適用
・旧定額法：2007年3月31日以前に取得等した減価償却資産に適用

3 損金経理額　　　　　　　　　　　　　　　　　　　　➡ ワーク1

当期の損益計算書で費用として計上した減価償却額を記載します。

法人税法上は、これ以上の金額を損金に算入することはできません。

別表16⑴

別表16(1)を見る時のチェックポイントはここ！

① 旧定額法又は定額法による減価償却資産の償却額の計算に関する明細書

| 事業年度 | 令和X1・4・1
令和X2・3・31 | 法人名 | ＣＳセミナー株式会社 | 別表十六(一) |

資産区分	種類	1	建物				
	構造	2					
	細目	3					
	取得年月日	4	・・	・・	・・	・・	・・
	事業の用に供した年月	5					
	耐用年数	6	年	年	年	年	年
取得価額	取得価額又は製作価額	7	外 146,000,000 円	外 円	外	外	外 円
	(7)のうち積立金方式による圧縮記帳の場合の償却額計算の対象となる取得価額に算入しない金額	8					
	差引取得価額 (7)-(8)	9	146,000,000				
帳簿価額	償却額計算の対象となる期末現在の帳簿記載金額	10	100,000,000				
	期末現在の積立金の額	11					
	積立金の期中取崩額	12					
	差引帳簿記載金額 (10)-(11)-(12)	13	外 100,000,000	外△	外	外	外△
	損金に計上した当期償却額	14	8,000,000				
	前期から繰り越した償却超過額	15	外	外	外	外	外
	合計 (13)+(14)+(15)	16	108,000,000				

②

当期分の普通償却限度額等	平成19年3月31日以前取得分	残存価額	17	7,800,000			
		差引取得価額×5% (9)×5/100	18	7,300,000			
		旧定額法の償却額計算の基礎となる金額 (9)-(17)	19	138,200,000			
		旧定額法の償却率	20				
		(16)>(18)の場合 算出償却額 (19)×(20)	21	2,000,000 円	円	円	円	円
		増加償却額 (21)×割増率	22	( )	( )	( )	( )	( )
		計 (21)+(22)又は(19)-(18)	23	2,000,000			
		(16)≦(18)の場合 算出償却額 ((18)-1円)×1/60	24				
	平成19年4月1日以後取得分	定額法の償却額計算の基礎となる金額 (9)	25	67,000,000			
		定額法の償却率	26				
		算出償却額 (25)×(26)	27	2,300,000 円	円	円	円	円
		増加償却額 (27)×割増率	28	( )	( )	( )	( )	( )
		計 (27)+(28)	29	2,300,000			
	当期分の普通償却限度額等 (23)、(24)又は(29)		30	4,300,000			
当期分の償却限度額	特別償却又は割増償却限度額	租税特別措置法適用条項	31	条 項	条 項	条 項	条 項	条 項
		特別償却限度額	32	外 円	外 円	外	外	外 円
		前期から繰り越した特別償却不足額又は合併等特別償却不足額	33				
	合計 (30)+(32)+(33)		34	4,300,000			

③

当期償却額	35	8,000,000			

④

差引	償却不足額 (34)-(35)	36			
	償却超過額 (35)-(34)	37	3,700,000		

⑤

償却超過額	前期からの繰越額	38	外	外	外
	当期損金認容額	償却不足によるもの	39			
		積立金取崩しによるもの	40			
	差引合計翌期への繰越額 (37)+(38)-(39)-(40)	41			
特別償却不足額	翌期に繰り越すべき特別償却不足額 (((36)-(39))と((32)+(33))のうち少ない金額)	42			
	当期において切り捨てる特別償却不足額又は合併等特別償却不足額	43			
	差引翌期への繰越額 (42)-(43)	44			
	翌期への繰越額の内訳	・・	45			
		当期分不足額	46			
適格組織再編成により引き継ぐべき合併等特別償却不足額 (((36)-(39))と(32)のうち少ない金額)		47			

備考

別表16(1)

4 償却不足額

　法人税法上本来償却できる限度額よりも少ない金額を、会計上償却費として計上している（償却不足）場合に記載されます。

　償却不足額の欄に金額が記載されている場合、利益を出すために償却費をわざと抑えている可能性があります。

🔍 他社の申告書を見る時の視点

　償却不足が発生している場合は、その原因を確認することが重要です。

　償却不足となった理由が、利益を出したいために償却費の計上を少なくしている場合は、利益調整するための粉飾決算が行われているといえます。

　そうでない場合に償却不足額の欄に金額の記載がある場合は、過年度において減損を実施しているケースが想定されます。

　減損を実施した年度においては、償却超過額が生じ、その翌年以降に償却費の計上が少なくなるために償却不足額が生じるという事象になるのです。このような理屈で償却不足額が生じるケースは、実務上、見受けられます。

別表16(1)

別表16⑴を見る時のチェックポイントはここ！

1 | 旧定額法又は定額法による減価償却資産の償却額の計算に関する明細書

| 事 業 年 度 | 令和X1・4・1
令和X2・3・31 | 法人名 | ＣＳセミナー株式会社 |

別表十六（一）

				建　　物				
資産区分	種　　　　　類	1		建　　物				
	構　　　　　造	2						
	細　　　　　目	3						
	取　得　年　月　日	4		・　・	・　・	・　・	・　・	・　・
	事業の用に供した年月	5						
	耐　用　年　数	6		年	年	年	年	年
取得価額	取得価額又は製作価額	7	外	146,000,000 円	外　円	外　円	外　円	外　円
	(7)のうち積立金方式による圧縮記帳の場合の償却額計算の対象となる取得価額に算入しない金額	8						
	差　引　取　得　価　額 (7)-(8)	9		146,000,000				
帳簿価額	償却額計算の対象となる期末現在の帳簿記載金額	10		100,000,000				
	期末現在の積立金の額	11						
	積立金の期中取崩額	12						
	差　引　帳　簿　記　載　金　額 (10)-(11)-(12)	13	外	100,000,000	外△	外	外	外△
	損金に計上した当期償却額	14		8,000,000				
	前期から繰り越した償却超過額	15	外		外	外	外	外
	合　　　　計 (13)+(14)+(15)	16		108,000,000				
2 当期分の普通償却限度額等	平成19年3月31日以前取得分	残　存　価　額	17	7,800,000				
		差引取得価額×5％ (9)×5/100	18	7,300,000				
		旧定額法の償却額計算の基礎となる金額 (9)-(17)	19	138,200,000				
		(16)>(18)の場合	旧定額法の償却率	20				
			算　出　償　却　額 (19)×(20)	21	2,000,000 円	円	円	円	円
			増　加　償　却　額 (21)×割増率	22	( )	( )	( )	( )	( )
			計 (21)+(22)又は(18)-(19)	23	2,000,000				
		(16)≦(18)の場合	算　出　償　却　額 ((18)-1円)×12/60	24				
	平成19年4月1日以後取得分	定額法の償却額計算の基礎となる金額 (9)	25	67,000,000				
		定　額　法　の　償　却　率	26					
		算　出　償　却　額 (25)×(26)	27	2,300,000 円	円	円	円	円
		増　加　償　却　額 (27)×割増率	28	( )	( )	( )	( )	( )
		計 (27)+(28)	29	2,300,000				
	当期分の普通償却限度額等 (23)、(24)又は(29)	30	4,300,000				
当期分の償却限度額	特別償却又は割増償却	租税特別措置法適用条項	31	条　　項	条　　項	条　　項	条　　項	条　　項
				( )	( )	( )	( )	( )
		特　別　償　却　限　度　額	32	外　円	外　円	外　円	外　円	外　円
		前期から繰り越した特別償却不足額又は合併等特別償却不足額	33					
		計 (30)+(32)+(33)	34	4,300,000				
3 当　　期　　償　　却　　額	35	8,000,000				
4 差引	償　却　不　足　額 (34)-(35)	36					
	償　却　超　過　額 (35)-(34)	37	3,700,000				
5 償却超過額	前　期　か　ら　の　繰　越　額	38	外	外	外	外	外
	当期損金認容額	償却不足によるもの	39					
		積立金取崩しによるもの	40					
	差引合計翌期への繰越額 (37)+(38)-(39)-(40)	41					
特別償却不足額	翌期に繰り越すべき特別償却不足額 ((36)-(39))と((32)+(33))のうち少ない金額)	42					
	当期において切り捨てる特別償却不足額又は合併等特別償却不足額	43					
	差引翌期への繰越額 (42)-(43)	44					
	翌期繰越額の内訳		45	・　・				
			46					
	当　期　分　不　足　額						
適格組織再編成により引き継ぐべき合併等特別償却不足額 ((36)-(39))と(32)のうち少ない金額)	47					

備考

別表16⑴

法人税法上本来償却できる限度額よりも多い金額を、会計上償却費として計上している（償却超過）場合に記載されます。

粉飾決算が行われているかどうかという視点で考えると、利益が想定よりも出たので、それを抑えるために、償却限度額よりも多めに償却費を計上している可能性を検討する必要があります。

ただ、減損会計を適用して、正しい会計処理を行っている場合に償却超過額の欄に記載されるケースもありますので、その可能性も含めて記載がされている理由を確認する必要があります。

他社の申告書を見る時の視点

当期償却額が税務上の償却限度額と異なる場合、その理由を確認しましょう。

別表16(1)では、固定資産の合計値で記載がされているケースが多いので、明細単位まで把握することが別表だけではできません。そこで、明細単位で作成されている固定資産台帳とも照合しながら、償却超過となった個別の資産内容を把握して、なぜ償却超過になったのか、理由を検討しましょう。減損処理をしている場合は、固定資産台帳上に減損処理額が明記されていることが多いので、減損処理額と損金不算入額との整合性を確認しましょう。

☑ ここだけはチェック！

償却不足額や償却超過額の欄に金額が記載されていたら、粉飾決算、減損会計適用などあらゆる可能性を検討する必要があるということだな。

別表16(1)

別表パッと見 瞬殺ワーク

申告書の実例を見て、パッと見で何に注意したらよいのかワークを行ってみましょう。

2
3

当期分の償却限度額	当期分の普通償却限度額等 (23)、(24)又は(29)	30	4,300,000	
	特別償却限度額 又は割増償却限度額	租税特別措置法 適 用 条 項	31	(条 項)
		特 別 償 却 限 度 額	32	外 円
	前期から繰り越した特別償却不足額又は合併等特別償却不足額	33		
	合 計 (30)＋(32)＋(33)	34	4,300,000	
当 期 償 却 額		35	8,000,000	

> 両者は一致していないようだな。償却超過となっているようだな。

4
5

差引	償 却 不 足 額 (34)－(35)	36	
	償 却 超 過 額 (35)－(34)	37	3,700,000

〈別表4〉

加算	損 金 経 理 を し た 納 税 充 当 金	4	20,000,000	20,000,000			
	損金経理をした附帯税（利子税を除く。）、加算金、延滞金（延納分を除く。）及び過怠税	5	400,000		その他	400,000	
	減 価 償 却 の 償 却 超 過 額	6	3,700,000	3,700,000			
	役 員 給 与 の 損 金 不 算 入 額	7			その他		
	交 際 費 等 の 損 金 不 算 入 額	8	4,000,000		その他	4,000,000	
	通算法人に係る加算額（別表四付表［5］）	9			外※		
	貸 倒 引 当 金 限 度 超 過 額	10	4,930,000	4,930,000			

> 償却超過の3,700,000円が損金不算入になるが、その分が別表4で加算されているようだ。

別表16(1)

Lesson13 地方税 第10号様式
―スクラップ＆ビルドの状況―

法人名	CSセミナー株式会社	課税標準の分割に関する明細書(その1)	事業年度又は連結事業年度	令和 X1・4・1 令和 X2・3・31

事業税 (法第72条の2第1項 第1号 第2号 第3号 第4号 に掲げる事業)		道府県民税	

課税標準の総額	所得金額	年400万円以下の金額 ⑥	円	課税標準の総額	法人税法の規定によって計算した法人税額 ①	(31,972,152) 円
		年400万円を超え年800万円以下の金額又は年400万円を超える金額 ⑦			試験研究費の額等に係る法人税額の特別控除額 ②	
		年800万円を超える金額 ⑧			還付法人税額等の控除額 ③	
		計 ⑥+⑦+⑧ ⑨			退職年金等積立金に係る法人税額 ④	
		軽減税率不適用法人の金額 ⑩	137,811,000		差引計 ①+②-③+④ ⑤	31,972,000
	付加価値額 ⑪					
	資本金等の額 ⑫					
	収入金額 ⑬					

適用する事業税の分割基準	①従業者数 ③事務所又は事業所数 5.電線路の電力の容量 2.固定資産の価額 4.軌道の延長キロメートル数

事務所又は事業所 名称及び所在地	分割基準(単位=　)人 ヶ所	年400万円以下の所得金額 ⑭	年400万円を超え年800万円以下の所得金額又は特別法人の年400万円を超える所得金額 ⑮	年800万円を超える所得金額又は軽減税率不適用法人の所得金額 ⑯	計 ⑭+⑮+⑯ ⑰	付加価値額 ⑱	資本金等の額 ⑲	収入金額 ⑳	分割基準(単位=人)	分割課税標準額 ㉑
本社 東京都新宿区西新宿新宿センタービル	60 12	円	円	59,061,000 37,584,000 96,645,000	59,061,000 37,584,000 96,645,000	円	円	円	60	円 27,404,000
大阪営業所 大阪府大阪市中央区淡路町1丁目	10 10			9,843,000 31,320,000 41,163,000	9,843,000 31,320,000 41,163,000				10	4,567,000
合計	70 22			68,904,000 68,904,000 137,808,000	68,904,000 68,904,000 137,808,000				70	31,971,000

POINT

✓ スクラップ＆ビルドの状況がわかる！

✓ 拠点ごとの人数と拠点の開設時期がわかる！

ここだけ理解　地方税　第10号様式

◆ 拠点数が多いと分割基準を考慮する必要がある

　この様式は、複数の都道府県等で事業を行っている場合に、各地方に納付する税金を配分する基準を算出することを目的としています。そのため、複数の都道府県等にまたがって事務所がある会社はこの申告書を作成する必要があります。

　このようにこの地方税申告書は、税金を各都道府県等に配分する目的で作成されるものであるため、中身には配分のもととなった定量データが記載されることになります。

　この配分するための基準のことを**分割基準**といいますが、分割基準は業種によって異なっており、業種別の基準は次の表のとおりです。

▶ 業種別の分割基準

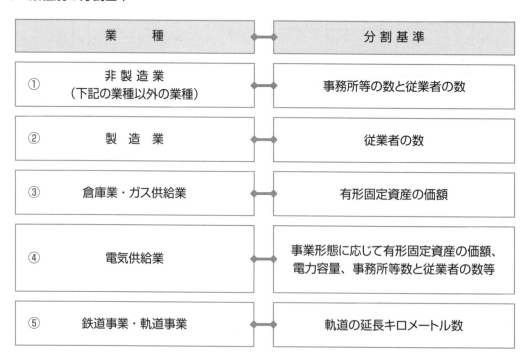

業　　種		分　割　基　準
①	非 製 造 業 （下記の業種以外の業種）	事務所等の数と従業者の数
②	製 造 業	従業者の数
③	倉庫業・ガス供給業	有形固定資産の価額
④	電気供給業	事業形態に応じて有形固定資産の価額、電力容量、事務所等数と従業者の数等
⑤	鉄道事業・軌道事業	軌道の延長キロメートル数

　分割基準は5種類ありますが、サービス業をはじめとする多くの業種は、表の中の①非製造業に該当することになります。

　その結果、分割基準としては事務所等の数と従業者の数という、2つの定量情報が使われることになります。

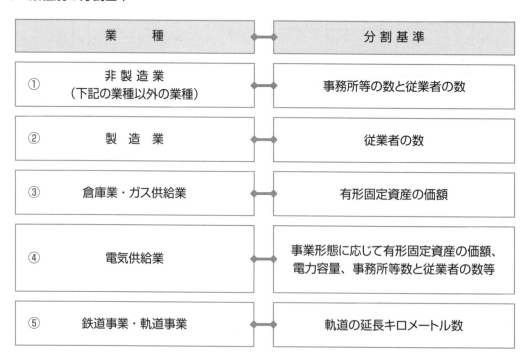

用語 ざっくり 解説

■ 事務所等と従業者

分割基準で適用される事務所等と従業者の定義は、次の通りです。

事務所等……事業の必要から設けられた、人的および物的設備であって継続して事業が行われる場所のこと。

従業者等……俸給、給料、賃金、手当、賞与などの給与の支払を受けるべき者のこと。常勤、非常勤の別を問わず、例えば、非常勤の役員・監査役、派遣社員、パートタイマー、アルバイトなども、従業者の数に含めます。

◆ 事務所等の数と従業員の数が申告書からわかる

事務所等の数の数え方ですが、事業年度の各月末日の数を合計したものになります。

期首から期末まで継続している場合は、末日の数の合計なので12となりますが、事務所を新設または廃止した場合は、末日の月数が12となりません。

前期まであった事務所が今期スクラップによって廃止となった場合は、その事務所の月数合計は、前期は12でも今期は12ではなくなりますので、12を切っている場合は廃止があったのだなと推察ができます。逆に、前期まで事務所がなかった地域に事務所を新設した場合には、前期ゼロだった地域に事務所の数が生じていることになります。

このように、事務所の数が申告書に記載されることで、会社のスクラップ＆ビルドの状況を、申告書を通して知ることができるのです。

次に従業者の数ですが、基本的に事業年度末日の従業者の人数によって算定されます。ただし、事業年度の途中に、事務所等を新設または廃止した場合には、その事務所等の存在した月数で按分することになります。

そのため、事業年度を通じて事務所がある場合（事務所等の数は12と記載されています。）に記載される人数は、期末の従業者の人数となりますが、期中に新設または廃止があった場合は、按分された人数となっています。

事業年度を通じて事務所があるエリアに関しては、前期末と比べて人数が増えているのか減っているのかが、申告書の従業者の数の欄で確認ができます。

地方税 第10号

法人名	CSセミナー株式会社	課税標準の分割に関する明細書(その1)	事業年度又は 連結事業年度	令和 X1・4・ 1 令和 X2・3・31	第十号様式

事業税 (法第72条の2第1項 第1号 第2号 第3号 第4号 に掲げる事業)	道 府 県 民 税

課税標準の総額	所得金額	年400万円以下の金額 ⑥	円	課税標準の総額	法人税法の規定によって計算した 法人税額 ①	(31,972,152) 円
		年400万円を超え年800万円以下の 金額又は年400万円を超える金額 ⑦			試験研究費の額等に係る法人税額の 特別控除額 ②	
		年800万円を超える金額 ⑧			還付法人税額等の控除額 ③	
		計 ⑥+⑦+⑧ ⑨			退職年金等積立金に係る法人税額 ④	
		軽減税率不適用法人の金額 ⑩	137,811,000		差 引 計 ①+②-③+④ ⑤	31,972,000
		付 加 価 値 額 ⑪				
		資 本 金 等 の 額 ⑫				
		収 入 金 額 ⑬				

1 適用する事業税の分割基準　①従業者数　③事務所又は事業所数　5. 電線路の電力の容量
　　　　　　　　　　　　　　　2. 固定資産の価額　4. 軌道の延長キロメートル数

事務所又は事業所		事　　　　業　　　　税								道府県民税	
名 称 及 び 所 在 地	分割 基準 (単位 =) 人 ヶ所	分 割 課 税 標 準 額								分割 基準 (単位 =人)	分 割 課 税 標準額
		年400万 円以下の 所得金額	年400万円を 超え年800万 円以下の所得 金額又は特別 法人の年400 万円を超える 所得金額	年800万円 を超える所 得金額又は 軽減税率不 適用法人の 所得金額	計 ⑭+⑮ +⑯	付 加 価値額	資本金 等の額	収 入 金 額			
		⑭	⑮	⑯	⑰	⑱	⑲	⑳		㉑
本社 東京都新宿区西新宿新宿センタービル	60 12	円	円	59,061,000 37,584,000 96,645,000	59,061,000 37,584,000 96,645,000	円	円	円	60	27,404,000 円
大阪営業所 大阪府大阪市中央区淡路町1丁目	10 10			9,843,000 31,320,000 41,163,000	9,843,000 31,320,000 41,163,000				10	4,567,000
合 計	70 22			68,904,000 68,904,000 137,808,000	68,904,000 68,904,000 137,808,000				70	31,971,000

2　**3**

1 業種と分割基準

分割基準は業種によって異なります。

非製造業であれば、「従業者数」と「事務所又は事業所数」の両方に〇印が付されます。

2 従業者の人数　　　　　　　　　　　　　　　➡ ワーク2

原則として、拠点別の期末の人数が記載されます。

期中に事務所等の新設または廃止が行われた場合は、稼働月数に応じて期末の人数が按分計算されます。

 他社の申告書を見る時の視点

前期と比較して大幅に増減している場合は、その理由を確認しましょう。

大幅に減少している場合は、リストラが行われている可能性もあります。

3 事務所の稼働月数　　　　　　　　　　　　　➡ ワーク1

事業年度を通じて稼働のあった月数が場所別に記載されます。

12と記載がある場合は、基本的に1年間稼働していたことを表します。

12未満の場合は、記載されている数字の月数が稼働していたことを意味します。

前期ゼロのエリアで数字が記載されている場合は新設、前期12のエリアで12未満の数字が記載されている場合は廃止されていることが想定されます。

 他社の申告書を見る時の視点

前期以前と比較して、拠点の増減があった場合は、拠点の経営状況を確認しましょう。

営業拠点別のスクラップ＆ビルドの状況を知ることができます。

☑ ここだけはチェック！

事務所の数が12以外の場合は、年間通じて稼働していないことを意味するので、スクラップされたかビルドされたかの想定が必要ということだな。

別表パッと見 瞬殺ワーク

申告書の実例を見て、パッと見で何に注意したらよいのかワークを行ってみましょう。

ワーク1　事務所のスクラップ＆ビルドの状況はどうだろうか

3

事務所又は事業所	
名　称　及　び 所　　在　　地	分　割 基　準 （単位 ＝　） 人 ヶ所
本社	60
東京都新宿区西新宿新宿センタービル	12
大阪営業所	10
大阪府大阪市中央区淡路町1丁目	10

大阪は10ケ月という記載で、前期の申告書には載っていないので、新設されたようだ。

今後売上が上がっていくのかどうか気になるところだ。

ワーク2　従業員の人数はどういう傾向にあるのだろうか

2

事務所又は事業所	
名　称　及　び 所　　在　　地	分　割 基　準 （単位 ＝　） 人 ヶ所
本社	60
東京都新宿区西新宿新宿センタービル	12
大阪営業所	10
大阪府大阪市中央区淡路町1丁目	10

前期の同じ申告書のページと比較してみよう。

大阪は新設で増員があったようだが、本社が前期よりも人数が増えているようだ。

本社の人数増加が業績向上に伴うものであれば、今後も堅調に推移しそうだな。

第
10
号
地
方
税

－170－

法人税申告書ここだけはおさえる

チェックリスト

最後に、巻末の資料として法人税申告書に関するチェックリストを掲載しておきます。このチェックリストは、背景にある事象や懸念点を意識したチェックリストとなっています。それぞれのチェック項目に関して疑いの目で見ることによって課題が浮き彫りになるでしょう。

別表番号	確認ポイント	想定される懸念事項や確認すべき事項
1	収受印が押されているか？	☐ 実は別の申告書を税務署に提出しているのではないかに留意する。
		☐ 税務署に提出する前のドラフトである可能性もあるので、必ず収受印（あるいは電子申告の場合は、提出日の印字）が押されたものを入手する。
	申告種類が修正申告でないか？	☐ 修正申告の場合は、どんな内容に修正が行われたかを確認する。 ・粉飾がされていないか？ ・役員賞与等、役員の報酬に関わる事項の修正があった場合に経営者の経営姿勢に問題はないか？
	事業年度が変更されていないか？	☐ 事業年度が変更されている場合に、その合理的な理由があるかを確認する。
		☐ 利益調整のために決算期を変更しているようであれば、影響額や内容を確認する。
	税理士の関与状況	☐ 税理士が関与していない場合に、会社の経理のレベルは高いのかどうかに留意する。
		☐ 税理士が関与していたとしても頻繁に変更している場合に、会社側の対応（無理な節税の要求や粉飾決算の要求、経理体制のずさんさ等）が原因であることはないかを疑う必要がある。
	納税額と借入金額	☐ 納税資金のための借入は申告書の差引納税額と整合しているかを確認する。 （ただし、地方税、消費税もあるのでその点も考慮するために納税一覧表と確認する必要がある）

別表番号	確認ポイント	想定される懸念事項や確認すべき事項
2	株主の異動	☐ 株主の異動があった場合に、異動した理由が合理的かどうかを検討する。
		☐ 親族間の争い等はないかを確認する。
		☐ 安定経営ができる株主構成になっているかは重要なので、株主構成と関係性を確認する。
	議決権の状況	☐ 種類株式を発行している場合は、その内容と安定経営ができる状況になっているかを確認する。
		☐ 誰が強力な議決権を有しているかを確認するとともに、キーパーソンであることを認識しておく。
	株主順位	☐ 順位が同順位の場合は親族であるので配偶者、6親等内の血族及び3親等内の姻族のいずれかであると想定される。
4	加算項目・減算項目の量	☐ 加算・減算調整項目が多い場合は、会計上の利益と法人税法上の所得との乖離がかなり大きくなることが予想される。
		☐ 申告調整項目が多い場合は、調整内容を吟味する必要がある。その内容が会計と税務とで通常差異が生じるものであるかどうかを確認する。
	調整内容	☐ 減損損失や引当金等の加算・減算調整がある場合は、適切に会計を実施していることが想定される。
		☐ 引当金等の調整がほとんどない場合は、税務に合わせて会計処理を実施している可能性が高く、含み損が潜在的にあったり、引当金が計上不足である可能性が想定される。
	修正申告での調整内容	☐ 税務調査の修正申告で調整された内容が多い場合は、経理部門がずさんであったり、事業部門と経理部門のコミュニケーションが悪く、修正申告となった可能性を疑う。場合によっては粉飾決算が行われた可能性もありうる。

別表番号	確認ポイント	想定される懸念事項や確認すべき事項
5(1)	数値のつながりを確認	☐ 前期の利益積立金残高と不一致の場合は、期中に税務調査が行われて、修正申告がなされている可能性がある。
5(2)	期末現在未納金額の状況	☐ 当期末確定分以前の未納額が多額に滞留しているようであれば、資金繰りの厳しさが想定される。
	加算税・延滞税・延滞金等	☐ 加算税・延滞税・延滞金等が記載されている場合は、修正申告のために発生したこともありうるが、資金繰りが厳しくて納税が遅れたために発生していることも想定される。
		☐ 加算税のうち重加算税が発生している場合は、税務調査で極めて問題のある処理を指導された可能性があり、経営の体制を確認する必要がある。
	期末納税充当金	☐ 当期末の未払税金と比較して、会計上の未払法人税等（期末納税充当金）が過少となっている場合は、決算時に適正な未払法人税等を計上していないことが想定される。
		☐ 未払法人税等の計上額を過少にしたことの結果として、当期利益が本来よりも多額に計上されている可能性がある。
7(1)	控除未済欠損金額の状況	☐ 貸借対照表上は、欠損填補等が行われて債務超過等が解消されているようであっても、法人税法上は繰越欠損金は残るので、利用可能な繰越欠損金を確認する。
	切捨てとなる欠損金の有無	☐ 利用されずに切捨てとなる欠損金が発生している場合は、収益力の弱さが想定される。
8(1)	子会社等からの配当金	☐ 子会社等があり決算書が入手できない場合に、配当金の受取状況を確認して、子会社等の経営状況を確認する。

別表番号	確認ポイント	想定される懸念事項や確認すべき事項
11(1)	個別評価債権への貸倒引当の引当状況	☐ 個別評価に基づいて計上する貸倒引当金に関して、十分な引当を計上しているかどうかを確認する。
11 (1の2)	一括評価債権への貸倒引当の引当状況	☐ 一括評価に基づいて計上する貸倒引当金に関して、十分な引当を計上しているかどうかを確認する。
	貸倒実績率	☐ 過去に多額の貸倒れが発生したため、貸倒実績率が高い場合は、債権管理が適切に行われているか（売上のみを重視して、回収努力をしていないか等）に留意をする。
14(6)	グループ内取引での利益調整	☐ グループ内で固定資産の譲渡等を行って利益調整を行っていないかどうかを確認する。
		☐ あくまでも繰延べなので、将来の加算・減算がある場合は、タックスプラン上納税額が増える方向なのか、減る方向なのか、さらにいつの時点で実現がされそうなのかを考慮しておく。
15	他科目交際費	☐ 交際費以外の勘定科目で法人税法上の交際費が発生している場合は、交際費を多額に利用していることを決算書上で見せないためでないかどうかに留意する。
16(1)	減価償却不足・超過額	☐ 定額法による減価償却の超過や不足が発生している場合に、利益調整が原因でないかどうかに留意する。

【執筆者紹介】

中尾　篤史（なかお　あつし）

公認会計士・税理士。

CSアカウンティング株式会社　代表取締役。

日本公認会計士協会 租税政策検討専門部会・専門研究員。

著書に「経理業務のBPO（ビジネス・プロセス・アウトソーシング）のススメ」、「DX時代の経理部門の働き方改革のススメ」（税務研究会出版局）、「正確な決算を早くラクに実現する経理の技30」、「BPOの導入で会社の経理は軽くて強くなる」（共著）、「対話式で気がついたら決算書が作れるようになる本」（共著）、「経理・財務お仕事マニュアル入門編」（以上、税務経理協会）、「たった３つの公式で「決算書」がスッキリわかる」（宝島社）、「経理・財務スキル検定［FASS］テキスト＆問題集」、「会計の基本教科書」（以上、日本能率協会マネジメントセンター）、「明快図解 節約法人税のしくみ」（共著、千舷社）など多数。

【会社紹介】

CSアカウンティング株式会社

国内最大級の会計・人事のアウトソーシング・コンサルティング会社であり、約200名の公認会計士・税理士・社会保険労務士などのプロフェッショナル・スタッフによって、上場企業グループから中堅・中小企業まで幅広く経理・会計、人事・労務に関するアウトソーシング・コンサルティングサービスを提供し、会計・人事の課題をワンストップで解決している。

〒163-0631

東京都新宿区西新宿1-25-1　新宿センタービル31階

代表電話：03-5908-3421

メールアドレス：csa-g@cs-acctg.com

URL：https://www.cs-acctg.com

ここだけ見ておけば大丈夫！
瞬殺！ 法人税申告書の見方

令和 2 年 3 月 2 日　　初版発行　　　　　　　　　　　　　　（著者承認検印省略）
令和 5 年11月15日　　第 2 版第一刷発行

©著者　　中　尾　篤　史

発行所　　税 務 研 究 会 出 版 局

週刊「税務通信」発行所
　　「経営財務」

代表者　　山　根　　毅

郵便番号 100-0005
東京都千代田区丸の内 1-8-2 鉄鋼ビルディング

https://www.zeiken.co.jp

乱丁・落丁の場合は、お取替え致します。　　　　印刷・製本　東日本印刷株式会社

ISBN 978-4-7931-2784-7